朱永新教育文集

习惯与教育

朱永新对话叶圣陶

朱永新　编著

商務印書館
创于1897　The Commercial Press

图书在版编目（CIP）数据

习惯与教育：朱永新对话叶圣陶 / 朱永新编著 .—北京：商务印书馆，2022（2024.6 重印）
（朱永新教育文集）
ISBN 978－7－100－21622－7

Ⅰ.①习…　Ⅱ.①朱…　Ⅲ.①叶圣陶（1894—1988）—教育思想—研究　Ⅳ.① G40-092.7

中国版本图书馆 CIP 数据核字（2022）第 158252 号

朱永新教育文集
习惯与教育
朱永新对话叶圣陶
朱永新 编著

商 务 印 书 馆 出 版
（北京王府井大街 36 号 邮政编码 100710）
商 务 印 书 馆 发 行
北京顶佳世纪印刷有限公司印刷
ISBN 978－7－100－21622－7

2022 年 9 月第 1 版　　开本 880×1230　1/32
2024 年 6 月北京第 3 次印刷　　印张 11⅞

定价：60.00 元

序

叶圣陶是我国近现代史上著名的作家、教育家、编辑出版家和社会活动家。茅盾盛赞他的短篇集，“实为中国新小说坚固的基石”；“扛鼎”之作《倪焕之》的出版，标志着我国现代长篇小说走向成熟。鲁迅则称童话集《稻草人》，“给中国童话开了一条自己创作的路”。叶圣陶是我国现代教育史上少有的从教初等小学和幼稚园起步，进而教高小、初中、高中、师范、大学，一直教到复旦大学、武汉大学、北京大学这样顶级学府的教育家；是从初等小学教材编起，进而编高小、初中、高中、师范，直至规划和主持编写大学教材的大学者；是从中学年级小报编起最终成为出版界领军人物的大出版家。

20 世纪 20 年代至 40 年代，叶圣陶是商务印书馆台柱、开明书店的灵魂。1949 年春北平（北京）解放后担任华北人民政府教科书编审委员会主任，是新中国大中小学以及师范教材和大学语文教材建设的奠基人。新中国成立后，叶圣陶担任出版总署副署长、教育部副部长，同时兼任人民教育出版社社长，为编辑出版工作和教育事业的发展呕心沥血。“文革”结束后，叶圣陶担任教育部顾问、中央文史研究馆馆长、中国民主促进会中央委员会主席、全国政协副主席等许多重要职务，功绩卓著。可他仍然把自己定位为一个“编辑”、一个“教员”，满怀着“朝闻道，夕死可矣”的信仰和追求，为教育改革和教材建设献计献策，推动新时期的教育事业又多又快又好地向前发展，直到生命的最后一刻。

“作家”“教育家”“编辑出版家”和“社会活动家”这四重身份，成就了叶圣陶渊博的学识和特有的情怀。作为一位极富盛名的作家，叶圣陶在对于人世间的观察、对于文学艺术的审美、对于创作源泉的追寻、对于创作技能的体悟等诸多方面都积累了丰富的经验，他对阅读、写作、欣赏的理解和阐释不是一般的“语文家”所能企及的。

作为一位著名的编辑出版家，叶圣陶长期从事新文学著作和大中小学及师范院校教科书的出版和研究工作。就教科书而言，仅他自己编纂以及与夏丏尊、朱自清、陈望道、郭绍虞、吕叔湘等名家合编的教科书少说也有几十种。得益于丰富的教学经验，他编纂的教科书在科学性、学术性和实用性等方面都极具示范意义，流传至今，仍是经典。作为一位著名的社会活动家，叶圣陶胸怀祖国、放眼世界，在教育如何适应时代发展的需要，教育如何培养社会栋梁、造就人才等重大问题上有着独到的思考。作为教育家的叶圣陶是“教育家”中的“全才”，是“叶圣陶式的教育家”。

或许在有些人的心目中，叶圣陶的教育业绩侧重于中小学和师范教育，其实不然。叶圣陶从当初等小学和幼稚园教师起步，不断地奋进和升华，无论是教书还是编书，也不论是“身教”或“言教”，叶圣陶总要探寻到最好的范式，追求最佳的效果，因而受到广泛的赞誉和敬重。虽说刚开始教的只是初等小学和幼稚园，可后来一路高升，他教“高等小学”的年头比教“初等小学和幼稚园”的年头长；教“中学和师范”的年头比教“高等小学”的年头长；教“大学”的年头比教“中学和师范”的年头长，从幼稚园教育、初等教育直至高等教育，从教育理论到教学实践，从教科书的定位到教学方案的设计，从教师的修养到学生的培育，叶圣陶都有丰富的实践经验和系统而深入的理论思考，对我国现代教育有着“全局性”的影响和杰出的贡献。

对叶圣陶的教育思想和理论著作进行梳理和解读，朱永新是最理想的人选。究其理由至少有以下三个方面：

一是朱永新出身于“教师之家”，他的父亲——从事师范教育的朱明昌先生是“全国模范教师”，父亲如何当教师，朱永新自幼耳濡目染，这对于他的成长肯定会有潜在的影响。

二是朱永新对叶圣陶有特殊的感情，他在《感受叶圣陶先生——读〈叶圣陶画传〉》中这样写道：“我对叶圣陶先生有特殊的感情。不仅是因为他是我们的苏州老乡，不仅是因为他是我们民进中央的老领导，也不仅是因为我苏州的居所可以看到他曾经读书的学校，而是因为我从内心深处敬佩他的思想，他的人格”，“我读过先生的许多书，也知道先生的许多故事”，“多次去过先生曾经教书的地方。每一次去，心灵都要经历一次洗礼”，“我主持的新教育实验，许多思想来源于先生的教育智慧”。

三是朱永新担任的职务也激励他要深入学习和研究叶圣陶。朱永新是民进中央副主席，全国政协常委、副秘书长，同时担任苏州大学教授，北京大学、北京师范大学、同济大学等高校的兼职教授，是中国陶行知研究会会长、北京师范大学中国教育与社会发展研究院学术委员会副主任，中国教育三十人论坛、21 世纪教育发展研究院共同发起人。朱永新作为新时期脱颖而出的教育家，在研究“中国教育”时选择叶圣陶作为一个极具研究意义和指导意义的“标本”，是很自然的事。

更可喜的是，朱永新像叶圣陶一样，都以学术为志、育人为业，在思想情感上息息相通。如果把叶圣陶誉为新中国教育界的

“第一代大师”，那么朱永新就是“第三代的翘楚”，这本《习惯与教育——朱永新对话叶圣陶》就是“隔代传承”的一个见证。

朱永新的“对话”是切切实实的咀嚼和读解，流溢在字里行间的是对叶圣陶由衷的敬仰和赞赏，是与叶圣陶教育思想理念最亲切的“交汇”和最精准的“对接”。书中分设的八章都很精彩，以第一章《教育是我们程途中的一盏灯——教育总论》为例，诸如“教育的目的是做人”“教育不是为了考试”“办教育与种庄稼相仿”“教育要为全社会而设计”“教育的最终目的在学生能自学自励”“学习不等于读书”“学校宜使儿童多多接触实际事物”“学校教育的总目标是发展学生的知能”“教育要以生活为本位”“办教育比种庄稼复杂得多”等论述的“对话”，既让我们分享到阅读的喜悦，也让我们加深了对教育的理解和期盼。

热忱地希望作为“全民阅读形象代言人”“中国十大教育英才”的朱永新能写出更多的类似这样的“对话”，完满地回应我国现代教育必须面对的重大课题，催促辽阔的中华大地走出新时代“叶圣陶式的教育家”。

商金林

2022 年 4 月 8 日

于肖家河北大教工住宅寓所

目　录

导言　叶圣陶的教育世界

叶圣陶（1894—1988），原名叶绍钧，字秉臣，后改字圣陶。江苏苏州人，我国现代著名教育家、文学家、出版家和社会活动家。著有我国第一部童话集《稻草人》和第一部长篇教育小说《倪焕之》等大量文学作品，著作收录于26卷本的《叶圣陶集》。

新中国成立后，叶圣陶曾担任出版总署副署长、教育部副部长、人民教育出版社社长、中国作家协会顾问、中央文史研究馆馆长等。为第六届全国政协副主席、第五届全国人大常务委员会委员、第五届全国政协常务委员会委员、民进中央主席。

叶圣陶从18岁做小学教师开始，一生几乎没有离开过教育，从事教育工作近80个春秋。他对教育的挚爱之炽和思虑之深，堪称教育工作者的楷模。无论是在甪直吴县第五高等小学的青春年华，还是在开明书店主编《中学生》杂志和编写系列国语教材时的激情岁月，无论是主持人民教育出版社期间对教材国家队的建设，还是主政中国民主促进会时对一线老师的关怀……工作不同，但围绕着教育这一相同核心，职务各异，却磨砺着教育这一坚定探寻。无论是他探索的教育思想，还是他主编的教材内容，那年那月就已经滋养了中国几代孩童与教师。时至今日，他当年的一些呐喊仍然听来振聋发聩。

在漫长的教育生涯中，叶圣陶提炼出了“教是为了达到不需要教”[①]、

① 叶至善、叶至美、叶至诚编：《叶圣陶集》（第11卷），江苏教育出版社，2004年，第356页。

"教育就是养成好习惯"[①]、"学校教育应当使受教育者一辈子受用"[②]等教育观点。这些观点来自火热的教育生活，又经过他的提炼，一经提出便脍炙人口。其中许多教育观点，如教育不是工业是农业，文理不宜分科，语文是发展儿童心灵的学科，写作就是说话，先做学生的学生才能做学生的先生，儿童非缩小的成人，品德教育重在实做等，不仅在当时具有深远的影响，在今天看来仍然具有重要的现实意义。

一　论教育本质——教育是农业不是工业

叶圣陶认为，学校教育的目的在于使学生养成正确的人生观，因而就不能不注意教育与人生的关系。在《教育与人生》一文中，他从三个方面论述了教育与人生的关系，即以教育认识自己，以教育革新自己和以教育成就自己。教育与人生的关系具体表现在教育与生活的紧密联系上。[③]

在《受教育跟处理生活》一文中，叶圣陶更具体地指出，教育的目标不外乎给予学生处理生活的一般知识，养成学生处理生活的一般能力，使学生能够成为一个"健全的公民"。所以，他特别欣赏陶行知的生活教育学说，把教学做统一起来，"过一天就是一天的充实生活，便没有像泄了气的气球似的预备生活"[④]。在《为己》

① 《叶圣陶集》(第 11 卷)，第 149 页。

② 《叶圣陶集》(第 12 卷)，第 264 页。

③ 任苏民编著:《教育与人生：叶圣陶教育论著选读》，上海教育出版社，2004 年，第 49 页。

④ 《叶圣陶集》(第 12 卷)，第 81 页。

《“生活教育”——怀念陶行知先生》两篇文章中，他进一步发挥了孔子“为己”与“为人”的思想，认为，为己之学，就是所学都归自己受用，生活从而丰富美满；[①] 为人之学，就是所学跟生活不发生关系，学如未学，徒然摆个空架子，说些空话而已。[②]

由此，叶圣陶提出了一系列教育改革的主张。在《知识本位与考试本位》一文中，他明确反对“用考试作为一个个的圈儿，把读书人的心拴住”的做法，认为过分重视考试对学生无益有害。读书不仅不是为了考试，甚至也不完全是为了就业。[③] 在《不相应的“因”与“果”》中，叶圣陶提出，识字的目标是使自己的知识丰富起来，能力增强起来，而不是简单为了“有事可做”。如果让其他的人失业，而唯有学校毕业生不应该失业，这样的逻辑也是错误的。[④] 在《何必升学》《升学与就业》这两篇文章中，他进一步指出，学习也少不了拿个文凭，找个职业，但这毕竟不是教育最根本的追求[⑤]，“必须把眼光放远，所学所业要有利于大群才行，如果纯为着私利，必将走到岔路上去”。[⑥]

叶圣陶主张的教育变革，不是零打碎敲的改良，而是从根本的精神上的革命。在《革除传统的教育精神》一文中，他明确提出，教育不能培养那种当官做老爷的“人上人”，而应该造就“处于主人地位的老百姓”，只有这一点才是教育的根本与灵魂，而没有根

---

① 《叶圣陶集》(第 12 卷)，第 174—175 页。
② 《叶圣陶集》(第 6 卷)，第 254 页。
③ 《叶圣陶集》(第 12 卷)，第 95 页。
④ 《叶圣陶集》(第 12 卷)，第 98—99 页。
⑤ 《叶圣陶集》(第 11 卷)，第 188—190 页。
⑥ 《叶圣陶集》(第 12 卷)，第 210 页。

本的树木是枯木，没有灵魂的躯体是尸体。[①]在《新精神》和《读书和受教育》两篇文章中，他更加清晰地表达了这一思想，主张建构以人生和生活为本的“新精神”，这种新精神的根本特征是“做人”，“做社会的够格的成员，做国家的够格的公民”，通过学习，“真能懂得事物，真能明白道理，真能实践好行为”[②]，自强不息，让学生“一天天继续不断，一直往更真更美更善的路上前进”。[③]

20 世纪 70 年代末 80 年代初，我国恢复高考制度以后，出现了片面追求升学率等问题，叶圣陶及时而敏锐地发现了这个偏差，并且深刻地分析问题产生的原因，指出教育改革的方向。在《当前教育工作中的几个问题》一文中，对大部分高中学生当考试“陪客”的现象进行了尖锐的批评，认为教育应该重视学生的全面发展，重视行为习惯的养成：“德育方面，要养成待人接物和对待工作的良好习惯；智育方面，要养成寻求知识和熟习技能的良好习惯；体育方面，要养成保护健康和促进健康的良好习惯。”[④]他在教育部和政协教育组联合座谈会上的发言《不应单纯追求升学率》中，提出了坚决不搞分数排队、把学生从频繁的考试中解放出来、保证学生充足的睡眠时间等五条具体措施。[⑤]

总而言之，教育是一项非常复杂的活动，深刻理解教育，才能真正做好教育。叶圣陶曾经高度评价吕叔湘先生关于教育是农业不是工业的比喻。他深有体会地说，办教育的确跟种庄稼相仿，受教

---

① 《叶圣陶集》(第 12 卷)，第 204 页。
② 《叶圣陶集》(第 11 卷)，第 350 页。
③ 《叶圣陶集》(第 12 卷)，第 273 页。
④ 《叶圣陶集》(第 11 卷)，第 264 页。
⑤ 《叶圣陶集》(第 11 卷)，第 303—304 页。

育的人的确跟种子一样，是有生命的，是能够自己发育成长的。教育者，就是努力给种子提供充分的合适的成长条件而已。当然，教育比种庄稼复杂得多，但是，“既然要办教育，就不怕什么难，就必得把这副难的担子挑起来”。[①]

二　论习惯养成——教是为了达到不需要教

习惯，就像人类心灵深处的发动机，一旦开始运转，就会悄悄操控人生。习惯是后天形成，却又集中而准确地体现着人的天性，不知不觉中塑造着人的个性，所以，我们说“习惯养成第二天性”。习惯，既可以被我们改写，又能改写我们的人生。通过改变习惯，我们能够重塑人的第二天性，从而更换角度展现人的天性，并因此形成稳定的价值观，塑造良好人格，创造幸福完整的人生。正因为习惯对我们的生活和生命有着如此深刻的影响，习惯的养成也自然成为教育的重要课题。

在中外教育中，叶圣陶是最重视习惯问题的教育家之一。教育就是培养良好的习惯，教是为了达到不需要教，这是叶圣陶教育思想的核心内容。他认为，教任何功课，都应该让学生自己去探索，自己去辨析，自己去历练，最后获得正确的知识和熟练的能力。所以，“给指点，给讲说，却随时准备少指点，少讲说，最后做到不指点，不讲说。这好比牵着孩子的手教他学走路，却随时准备放手”。[②]在会见外地来京的民进教师会员的茶话会上，他进一步解

① 《叶圣陶集》(第 11 卷)，第 345 页。
② 《叶圣陶集》(第 11 卷)，第 263 页。

释说，教是为了达到不需要教，不是意味着学生已经学成了，而是因为学生已经能够自己学习了，不再需要老师教了。所以，教师的职责，是“要引导学生，使他们能够自己学，自己学一辈子，一直学到老”。[①]在《立志自学》一文中，叶圣陶则从学生的角度再次阐述了上述思想。他认为，其实进不进大学并不重要，学习是自己的事，自己要学习，在任何情况下都可以学。进了大学，或者大学毕业，仍然需要“努力自学，永不休歇”。[②]

叶圣陶明确提出，教育就是养成习惯，习惯养成得越多，人的能力就越强。他主张，为了达到不需要教，教师要帮助中学生养成两种自学自励的习惯：一是自己学习的习惯，一是随时阅读的习惯。在《高等教育所要养成的好习惯》一文中，他进一步从全社会和全人发展的角度诠释了高等教育如何培养好习惯的问题。他认为，“教育要为全社会而设计，要为训练成对社会做点事的人而设计。”“单就个人说，凡足以发展身心的，便是好习惯。”“个人不能离开人群”，“因此，兼就人群说，凡和人群相适应的，尤其是对于人群有利的，便是好习惯”。他提出，“普通教育的目标是养成一般人当公民的好习惯，高等教育的目标是养成一些人做专门人才的好习惯”，专门人才除了要对“某一种专门有系统的认识和深入的了解”外，他们还“负着一种责任，推进文化的步子，增加文化的总和”。[③]

怎样培养好习惯呢？叶圣陶先生从多方面进行了论述。首先，

---

① 《叶圣陶集》（第 11 卷），第 356 页。
② 《叶圣陶集》（第 11 卷），第 317 页。
③ 《叶圣陶集》（第 11 卷），第 149—150 页。

在生活和教育实践中培养。他认为，“教育不以生活为本位而以知识为本位，是一个大毛病。”[①]“知识的传授和能力的锻炼都是实际事为”，“通过这些实际事为”，“才可以使下一辈人发育生长”。[②]“教育不但不可分割，而且应该渗透在各种活动之中。”[③]应该“把‘教’‘学’‘做’合在一起，让精神劳动和体力劳动互相调剂”。[④]他特别强调了道德教育实践的重要性。“对于德目，抽象地去理解，去讨究，是没有用的；必须具体地去实践”，“‘为人之道’必须要‘为’，‘为’就是‘做’，就是实践，要让行为的态度和精神合得上德目”。[⑤]

其次，父母和教师要言传身教。叶圣陶先生认为，“儿童所至信者莫如母”，因此，他殷切告诫母亲要做好儿童的榜样，“凡有戕贼儿童智识道德之事，不可行之，不可言之，行则为儿童所模仿，言则为儿童所听从”。[⑥]同样，学校教育中，教师必须以身作则，“从小学老师到大学教授，他们的任务就是帮助学生养成良好习惯，帮助学生养成政治方面文化科学方面的良好习惯。而教师要完成这个重大任务，自己就得继续不断地养成这些良好习惯”。[⑦]

“教师的讲授无论如何详尽，总之只是‘举一’；学校教育所以能使学生终身受用，全在乎让学生受到锻炼，养成‘反三’的能

---

① 《叶圣陶集》(第 12 卷)，第 272 页。
② 《叶圣陶集》(第 6 卷)，第 275 页。
③ 《叶圣陶集》(第 11 卷)，第 332 页。
④ 《叶圣陶集》(第 12 卷)，第 66 页。
⑤ 《叶圣陶集》(第 12 卷)，第 165—166 页。
⑥ 《叶圣陶集》(第 11 卷)，第 4 页。
⑦ 《叶圣陶集》(第 25 卷)，第 48 页。

力。”[①]叶老还对小学教师说，习惯养成从最初开始[②]，养成好习惯从最细微处入手[③]，还要在具体的活动中训练勤于思考的习惯。[④]叶圣陶不仅从理论上论述了习惯之于教育的意义，而且身体力行地在家庭教育中努力培养孩子的良好习惯。叶圣陶的孙子叶永和曾经说起一件往事：他小时候有一次着急出去，随手一甩，西屋的门在身后“砰”的一声关上了。他意识到这违反了爷爷的规矩，赶忙往姑奶奶房间躲，没想到爷爷还是追到北屋，把他拽了回来，让他重新关门。孙女叶小沫回忆说，爷爷一直要求她搬东西要轻拿轻放，但毕竟是小孩子，还是常常会把这些道理忘在脑后。她就多次被爷爷叫住，让把椅子搬起来重放，把门打开来重关，反复练习，直到养成了习惯。她说，自己的有些好习惯，正是在爷爷不厌其烦的督促下养成的，至今受益匪浅。

三　论教师成长——先做学生的学生，再做学生的先生

1912 年，18 岁的叶圣陶从草桥中学毕业，心怀“立国之本、首在教育”的理想，来到了言子庙小学当老师。学校设施很简陋，功课只有国文、算术和修身三门，课堂三间，教师三人，只好采用复式教学。叶圣陶没有受过专业的师范教育训练，初为人师的他对于教师职业还是忐忑不安的，情绪也不太稳定。

从《在言子庙》的日记中我们可以看到，有时候，他为学生的

---

① 《叶圣陶集》(第 11 卷)，第 107 页。
② 《叶圣陶集》(第 11 卷)，第 259 页。
③ 《叶圣陶集》(第 11 卷)，第 130 页。
④ 《叶圣陶集》(第 11 卷)，第 277 页。

进步欢欣鼓舞，如在算术课上，他看到学生“稍有进步”，就觉得“大增兴趣”，并且感悟到“学生与教师之精神固互相提携互相竞进者也”。[①] 有时候，他为教学次序混乱而沮丧不安，当他的课堂出现“嚣乱不堪”“次序杂乱已极”的情况时，就深深自责，感到“汗颜”和“深为之悲”。[②] 有一次，他的修身课没有事先准备，所以“敷衍称述，毫无精意”，课结束以后，他为自己的准备不足而难过。[③]

但是，他一开始就显示出与众不同的教育风格。他的日记中记录和批评了当时学校的弊端，如省视学来校视察，转了几分钟就走了。他说：脚都没站稳，什么都不看，怎能算是视察？再如学校为了保护花草，禁止学生入园。他说：学生不能亲近自然，即使没有一花一叶损坏，又有何用？在课堂上，他给学生讲述鲁滨逊孤岛漂流的故事以释“独立”，讲美国总统林肯的故事以扬“民主”，讲武昌起义和辛亥革命，以引导学生关心国事。他与孩子们同喜共悲，在课余读书写作、篆刻绘画等。1914 年，有点另类的他被学校以缩减班次为由解聘。

1917 年 3 月，叶圣陶受同学吴宾若的邀请，来到苏州城郊的角直镇吴县县立第五高等小学任教。他在这里如鱼得水，把自己的教育理想付诸实践。他自编国文教材，进行语文教学的改革；他重视课外实践，带领学生开出一片荒地办起了“生生农场”，捐款在学校办起了博览室和利群书店；他重视艺术教育，建戏台、编剧本，把课文改编成话剧、戏剧，师生一起排演；他重视家校

① 《叶圣陶集》（第 19 卷），第 106 页。
② 《叶圣陶集》（第 19 卷），第 109 页。
③ 《叶圣陶集》（第 19 卷），第 111 页。

合作，在“恳亲会”上为学生父母展示孩子们的习作、试卷、字画、雕刻，以及种植的瓜豆蔬菜，邀请学生父母观看孩子们表演的团体操和戏剧，等等。

前后八年左右的从教生涯中，叶圣陶对教育的理解，对教师的认识不断深化。他明确提出教师问题是教育问题的关键，把师范教育看作是“推进和革新教育事业的根本”①。他说：“没有教师，教育无从实施；没有教师，受教育者无从向人去受教育。”②因为教师的重要性，培养教师的师范教育就显得非常重要。所以，他殷切地希望师范生都去从教当老师，“为学校里的太阳，代替以前昏暗不明的爝火”。③

他认为教师应该不断学习，不断成长，尤其要向自己的教育对象学习：“只有做学生的学生才能做学生的先生。”④在《如果我当教师》这篇文章中，叶圣陶用假想的方式，对理想中的小学教师、中学教师和大学教师进行了激情澎湃、酣畅淋漓的诗意表述。

他说，如果他当小学老师，一定不会把儿童当做讨厌的小家伙、烦心的小魔王，无论他们是聪明的还是愚蠢的，干净的还是肮脏的，他都要称他们为“小朋友”。他要从最细微处培养他们的好习惯。⑤

他说，如果他当中学老师，他会努力使学生能做人，能做事，成为健全的公民。他不会把忠孝仁爱等抽象的德目往学生的头脑里

---

① 《叶圣陶集》（第 11 卷），第 363 页。
② 《叶圣陶集》（第 11 卷），第 43 页。
③ 《叶圣陶集》（第 11 卷），第 46 页。
④ 《叶圣陶集》（第 11 卷），第 361 页。
⑤ 《叶圣陶集》（第 11 卷），第 130 页。

死灌，不会叫学生做有名无实的事。

他说，如果他当大学老师，他不会照本宣科，不会用“禁遏的办法”对待学生，而是尽可能把自己的心得与学生分享，尽可能做学生的朋友。他说，无论自己当小学、中学还是大学老师，都会时时记住，自己面前的学生“都是准备参加建国事业的人”①，建国事业有大有小，都是平等的。对所有的孩子，也应该是平等的。

叶圣陶提出，教师的终极目标是“为万世开太平”，教师的修养有一个最低的要求，这就是“一言一行，都没有消极的倾向，一饮一啄，都要有正当的意义”。他主张教师应该树立“学生第一”的观点，既不必装作无所不能的“万能博士”，也不必装作完全无过的“圣人”；既不能采取“不许主义”，也不能守住“无为而治”四个大字。② 他认为，做教师是既为人也为己的事业，做教师的人，要有一点理想主义的情怀，有一些“傻子”③的精神。他指出，教师工作要取得成效，关键是“以身作则”，为人师表，不仅要说得到做得到，而且要做得到才说。④ 因此，教师的“知识学问无止境，品德修养无止境”⑤，要加强学习进修，在不断“付出”的岁月里，源源不断地谋求“收入”。⑥

在《记教师的话》《夏丏尊先生》和《佩弦周年祭》三篇文章中，叶圣陶则从正反两方面的个案，分析了他心目中的教师形象。

---

① 《叶圣陶集》(第 11 卷)，第 140 页。
② 《叶圣陶集》(第 11 卷)，第 162—164 页。
③ 《叶圣陶集》(第 11 卷)，第 167 页。
④ 《叶圣陶集》(第 11 卷)，第 201 页。
⑤ 《叶圣陶集》(第 11 卷)，第 378 页。
⑥ 《叶圣陶集》(第 11 卷)，第 258 页。

六　论语文教育——语文是发展儿童心灵的学科

在甪直从教期间，叶圣陶就开始自编国文课本，每篇选文后均附有题解、作者传略、注释、练习等，数篇选文后有一篇关于文章欣赏和习作指导的“文话”，非常受学生的欢迎。从此，他一生与语文教材结下了不解之缘。

1932 年，叶圣陶主持开明出版社不久，就开始集中精力编写《开明国语课本》。他用一年的时间创作了 400 余篇课文，由丰子恺配画。这些课文均为原创或改编，“没有一篇是现成的，是抄来的”。[①]《中国教育报》有文章曾介绍说，由于全力以赴工作，叶圣陶一年里“未听到蝉鸣，未看到荷花”。但是，他让孩子们在他的教材中听到了蝉鸣，看到了荷花。80 年以后，这本教材仍然数次再版重印，深受欢迎。

1949 年以前，小学的语文课程一般称为“国语”，因为小学阶段是以让学生掌握国家的语言为主。中学阶段的语文课程则称为“国文”，因为中学阶段是以让学生掌握国家的文字为主。1949 年以后，叶圣陶主持草拟《小学语文课程标准》及《中学语文课程标准》，第一次使用“语文”作为学科名称。

叶圣陶对语文教育非常重视。他认为，语文教育对儿童具有十分重要的作用，它是儿童非常需要的学科，也是“发展儿童的心灵的学科”[②]。“除了技术的训练而外，更需含有教育的意义。”[③]所以，语文教育一是要讲求方法，让学生对怎样阅读才能明白晓畅、摄其

① 《叶圣陶集》(第 9 卷)，第 323—324 页。

② 《叶圣陶集》(第 13 卷)，第 7 页。

③ 《叶圣陶集》(第 13 卷)，第 42 页。

精华，怎样写作才能清楚畅达、表情达意心知其故；二是要使种种方法成为学生终身以之的习惯。

叶圣陶认为，语文教育的重要任务，是培养学生听说读写的能力。听说读写又可以分为两个方面，听和读，说和写。“有了听和读的能力，就能吸取人家的东西，化为己有。有了说和写的能力，就能表达自己的心意，让人家完全明晓。”[①]这些方面的能力是相辅相成的，听和读的能力的提高，有助于说和写的能力的提高。所以，在语文教育中，听说读写不能够偏废。

在叶圣陶看来，小学语文偏重“语”，应该“把训练儿童说话这件事看得极其重要”[②]。而且，儿童的说话训练不但是语文学科和语文老师的事情，应该是各科教学和全体老师都要注意的事情。他认为，所谓善于说话，并不是一般意义上的口齿伶俐、虚文缴绕，而是“要修养到一言片语都合于论理，都出于至诚”。[③]具体说，就是要精于思想、善于情感和工于表达。说话的训练，关键有两条，一是尽可能给学生说话的机会，二是老师的说话要成为学生的典范。

叶圣陶明确指出，阅读是教育的核心与关键。离开学校以后，学生的成长主要是通过阅读来实现的。所以“不待老师教，自己能阅读”[④]是学生在学校期间必须形成的能力。他主张给学生阅读的自由空间，曾经严厉批评了一些学校取缔学生阅读课外书报的现象，认为这样做其实是“把学生看作思想上的囚犯”，而把学生的

---

① 《叶圣陶集》（第 13 卷），第 162 页。

② 《叶圣陶集》（第 13 卷），第 16 页。

③ 《叶圣陶集》（第 13 卷），第 23 页。

④ 《叶圣陶集》（第 15 卷），第 181 页。

第一章

教育是我们程途中的一盏灯——教育总论

导语

教育是人类社会发展中不可或缺的一盏灯，是帮助人类不断前行并且走向崇高的力量。教育的目的在于使学生养成正确的人生观，做社会的健全公民。教育就是要在生活实践中养成良好的习惯，读书只是受教育的手段。而教师的工作就是要因材施教，因势利导，成为学生成长的辅助者，让学生“一天天继续不断，一直往更真更美更善的路上前进”。

教育的目的是做人

>> 受教育的意义和目的是做人，做社会的够格的成员，做国家的够格的公民。想到“做”字，就可以悟出光记住些什么是远远不够的。必得把某些精要的东西化为自身的血肉，养成永久的习惯，终身以之，永远实践，这才对于做人真有用处。

——《叶圣陶集》第 11 卷，第 350 页

朱永新解读：

叶圣陶先生认为，受教育是上学的全部意义和整个目的，读书只是受教育的一种手段。所以，如果简单地把受教育理解为读书，就太狭隘了。

叶圣陶强调的是“做”，而不是“读”。他反复提出，学生读课本并不是目的，“真能懂得事物，真能明白道理，真能实践好行为，才是目的”。① 所以，现在的学校，现在的家庭，教师和父母，都是强调后者而忽略了前者。其实，我们应该清楚，“读”是为了“做”，“做”不过是在实践“读”的东西。叶圣陶说的教是为了不教，教育就是为了养成好习惯，等等，也都是为了落实“做”这个字。做人做好了，做事也就没有大问题了。

---

① 《叶圣陶集》(第 11 卷)，第 352 页。

教育是一盏灯

>> 教育固然有一点缓不济急之嫌，然而总是我们程途中的一盏灯，能够照着我们的四周使之光亮起来，又能照见我们的目的地，使我们加增前进的勇气。我们有了它，虽然觉现在站得不大稳定，但并不感觉空虚，因为丰美的秩序和境界出现在我们的想象中了。如其没有它呢？那就不堪设想了，当前这样昏暗，前途这样渺茫，我们即使不甘颓废，又何从振作起精神来呢？

——《叶圣陶集》第 11 卷，第 56 页

朱永新解读：

90 年前叶圣陶先生讲的这段话也一直是我心中的一盏灯。20 年前撰写中国教育思想史的时候，接触到这段文字，心中一下子感到很温暖。

尽管我们对教育有这样那样的批评，有这种那种的意见，但是，教育对于人类，对于我们的社会，的确是不可或缺的一盏灯。是啊，教育应该是人类文化的传承者和守护者，应该是帮助人类社会不断前行并且走向崇高的力量。

人是世界上最少受遗传力量支配、最多受教育力量影响的生物。这是人类的伟大之处。因为教育的力量，人类可以不断超越自己，而不必像其他生物不断复制自己。

孩子来到世界，正是教育帮助他成长。教育是我们每个人的一盏灯。

>> 我们不否认考试在学习上的价值：它的价值在于考验学生的学习过程的是否正确与学业知识的达到何种程度。为便利计，在现在非普及的教育制度下，它也被用以评定学生的成绩，作为督促学生用功的一种方法的。然而，渐渐地这种方法被重视得过分了，教育的成绩不良，学生对于功课没有兴趣，唯一的补救办法，似乎只有把考试加紧。于是有了重重的考试；于是学校和学生都把应付考试作为一种严重的功课，于是所谓指导应考的投机书籍，便代替了正式的课本和有益的参考读物，而占据在许多中学青年的案头了。我们借用今年的一种时髦的说法，现在的教育似乎不是以求取知识为“本位”，而是以应付考试为“本位”了。

……

我们更应纠正的是对于考试的根本态度。现在有人要用考试作为一个个的圈儿，把读书人的心拴住；被考者则把它看作一道道的关口，希望能侥幸通得过去；这样还有什么教育的意义留存下来呢？我们竭诚地希望负责教育者注意：考试只能在学习的过程中占一个小小的位置，把它过分地重视，甚至忘却了求取知识的本义，对于学生是无益有害的。

——《叶圣陶集》第 12 卷，第 94—95 页

朱永新解读：

读书本来是一个愉悦的学习过程。通过一本本书籍，我们看到了一个个精彩的世界。这是求知的本义。

但是，在现代社会，读书、求知异化为考试、分数。甚至于整个学校生活，也围绕着考试和分数展开，考试和分数，成为教育的最高目的。

当然，这个问题滥觞于古代科举制度。到了叶圣陶时代，这个问题已经非常严重了，而到了今天，可谓登峰造极。为什么考试和分数成为人们顶礼膜拜的对象？因为它是与其他功利性目标联系在一起的：在古代，考取秀才状元就能够当官做老爷，就能够有高官厚禄；在今天，有好的分数，就能够有好的工作、好的收入。所以，要消除考试、分数的负面影响，关键还要解决干部人事制度和收入分配制度。

作为教师和父母，要看清儿童的真正的幸福来源，其实不会是好的收入和地位，更重要的是好的人生态度。所以，让学习和读书少一点功利性是很重要的事情。

>> 听说识字，就联想到吃饭跟职业，可见大众的生活困顿得利害，只有立刻可以解除困顿的才是迫切需要的东西，否则简直不需要。然而这样的联想实在根据一种错误观念而来。他们以为识字好比下种，有饭可吃、有职业可做好比收成，下了种当然要望收成。谁知识字跟吃饭和得业本来不是注定的一因一果。识了字，仿佛加添了一双眼睛、一双耳朵，因而能够接触本来所不能接触的，使自己的知识丰富起来，能力增强起来。这是识字的目标。谁如果识了字，或多或少，总可以得到应合这个目标的报酬。至于有没有饭吃，有没有职业可做，虽然跟个人的知识能力也有关系，但是在目前这样的时代，还待社会情况来决定。

推广开去，中学生在校受教育也是同样的情形。中学生所得到的当然比识字学校的学生所得到的深广得多，但是也只在丰富知识、增强能力这两点上见到效果而已。学校对于学生毕业之后得业与否并不负何种责任，那末学生跑出了学校无事可做，实在是寻常的事。在教育跟生产不相联系的制度之下，入学求学的“因”，跟有事可做的“果”，本来是不相应的呀。现在有一班人往往统计毕业学生的得业成数，见数量太少，就大发其慨叹。就各种力量的浪费而言，这固然可以慨叹。若说其他的人都不妨失业，唯有学校毕业生不应该失业，这却是错误的观念了。其错误在忘记了如今教育的本质。

——《叶圣陶集》第 12 卷，第 98—99 页

朱永新解读：

在全社会都关注就业、父母们把读书与找到好工作挂钩、教育行政部门把大学就业率作为评价学校的重要指标的今天，重读叶圣陶先生的这段文字，有着重大的现实意义。

叶圣陶先生认为，读书本身并非为了就业，而是为了让人拥有更多的知识和更强的能力，正如为人增添了一双眼睛和耳朵，让人们看得更远、听得更多。就业，只是读书的副产品而已。

现在许多人功利性太强，就业成为读书学习的重要目标甚至唯一目标，这就是本末倒置。其实，就业正如分数一样，本身不能够成为教育的直接目标，应该是教育（学习）的额外的奖赏。好的教育，帮助人拥有更多的知识和更强的能力，其实也就增强了人就业的能力。

所以，父母和老师们不妨看得更高远一些，把教育的目标设置得更全面一些，淡化功利性，强调发展性，让孩子享受读书学习的过程，而不是为了将来找一个所谓的“好工作”。

何谓教育家？

>> 尝思此日而为政治家，其人必先为教育家，而所谓教育家，又必实符其名，非如徒拥校长教授之号，妄操训诫讲述之役者。

彼名实相符之教育家，决不视学子为土坯，可以抟塑随心，亦不拟学子于空瓶，唯事灌注充塞。固知人各有能，始于孩提，因势利导，则其能如木抽条，如水导流，畅然沛然，莫之能御。又知习成于群，群积自人，非善群无以养良习，习弗良即为群之玷。而己之所务，端在善导其能，利养其习于善群之中。不忮不求，不为助长，纯任自然，若无所施者。教育家不当若是乎？彼固故不欲有所蕲，有所取，而唯以役于学习，为之辅佐为乐者也。

——《叶圣陶集》第6卷，第108页

朱永新解读：

这是1945年1月叶圣陶先生以微庵的笔名在成都《新民报》上发表的短文《政治家》中的一段。叶圣陶认为，做政治家，首先要成为教育家。而要成为教育家，不是“徒拥校长教授之号，妄操训诫讲述之役者”，也就是说，教育家不是随心所欲地把学生视为土坯去任意塑形、把学生视为空瓶去任意灌注。教育家不能够拔苗助长，也不能无所作为，而应该因材施教，因势利导，成为学生成长的辅助者，用群体和团队的力量熏陶学生，把学生培养成为真正的自己。

这段话是说教育家，也是在说教师和父母。爱孩子需要智慧，智慧则需要学习。既不能够拔苗助长，也不能够无所作为，应该根据孩子的天性和特长，因势利导，顺水推舟，帮助他们谨慎交友，做他们成长的助推者。

办教育与种庄稼相仿

>> 最近听吕叔湘先生说了个比喻，他说教育的性质类似农业，而绝对不像工业。工业是把原料按照规定的工序，制造成为符合设计的产品。农业可不是这样。农业是把种子种到地里，给它充分的合适的条件，如水、阳光、空气、肥料等等，让它自己发芽生长，自己开花结果，来满足人们的需要。

吕先生这个比喻说得好极了，办教育的确跟种庄稼相仿。受教育的人的确跟种子一样，全都是有生命的，能自己发育自己成长的；给他们充分的合适的条件，他们就能成为有用之才。所谓办教育，最主要的就是给受教育者提供充分的合适条件。

办教育决不类似办工业，因为受教育的人绝对不是工业原料。唯有没有生命的工业原料可以随你怎么制造，有生命的可不成。

——《叶圣陶集》第 11 卷，第 344 页

朱永新解读：

这是叶圣陶先生晚年文章的一段文字。文章中还用了丰子恺先生题为《教育》的一幅漫画的故事。说丰子恺先生画一个做泥人的师傅，一本正经地把一个个泥团往模子里按，模子里脱出来的泥人个个一模一样。做泥人，用泥团做原料，往模子里一按，就成了产品——预先设计好的泥人。“可是受教育的人决非没有生命的泥团，谁要是像那个师傅一样只管把他们往

模子里按，他的失败是肯定无疑的。”

教育不是工业。教育面对的是有生命的个体，所以教育更像农业。但叶圣陶也指出，教育又不同于一般意义上的农业。如果把办教育跟种庄稼相比，有相同也有不同。相同的是工作的对象都有生命，都能自己成长，都有自己成长的规律。“不同的是办教育比种庄稼复杂得多。种庄稼只要满足庄稼生理上生长的需要就成，办教育还得给受教育者提供陶冶品德、启迪智慧、锻炼能力的种种条件，让他们能动地利用这些条件。”[①]

人是世界上最复杂的生命体。所以，教育应该是世界上最复杂的劳作。教师和父母们如果特别用心，特别细心，认真琢磨孩子的每一个细微的变化，认真注意教育的每一个细节，就能帮助孩子更好地成长。

① 《叶圣陶集》（第 11 卷），第 345 页。

两种教育观

>> 关于教育的见解，千差万别，可是扼要地区别起来，也很简单，大致可以分为相反的两派。就教育的目标说，一派希望受教育者成为工具；另一派希望受教育者成为人，独立不倚的人，不比任何人卑微浅陋的人。就教育的理解说，一派认为受教育者像个空瓶子，其中一无所有，开着瓶口等待把东西装进去；另一派认为受教育者自有发掘探讨的能力，这种能力只待培养，只待启发，教育事业并非旁的，就只做那培养和启发的工作。就教育的方法说，一派注重记诵，使受教育者无条件地吞下若干东西；另一派注重创发，不但使受教育者吞下若干东西，尤其重要的在使受教育者消化那些东西，化为自身的新的血液，新骨肉。

——《叶圣陶集》第 6 卷，第 254 页

朱永新解读：

这是 1946 年 10 月叶圣陶先生为纪念陶行知先生而撰写的一篇文章。

叶圣陶从教育目标、理解和方法三个方面全面审视和比较了两种教育观。前者把学生作为工具，后者把学生当做人；前者把学生作为容器可以任意填充，后者把学生作为学习的主体只需辅助；前者注重记忆，后者注重创造。

毫无疑问，陶行知及其开创的生活教育，属于后者。前者因为把学生作为“工具”，所以是“为人”之

学；后者因为把学生作为“人”，所以是“为己”之学。前者是要人成为驯服的工具，后者是要人成为独立思考独立行动的人。

亲爱的教师和父母们，你是希望孩子成为工具，还是成为人呢？如果你的选择是后者，那么，你应该采取什么样的行动呢？

萤火虫精神

>> 小萤虫，点灯笼。
飞到西，飞到东。
飞到河岸边，小鱼正做梦。
飞到花园里，小鸟睡得浓。
飞过张家墙，张家姊姊忙裁缝。
飞过李家墙，李家哥哥做夜工。
小萤虫，点灯笼。
点着灯笼飞上天，做个星儿住天空。

——《开明国语课本》上册，第 116 页

朱永新解读：

狂风无法熄灭萤火。在漆黑的夜晚，在没有灯火的地方，萤火虫也能绽放光芒。因为萤火虫的光，来源于自身——心里有光，光明永在。

萤火虫，是我们新教育人的名字，是我们新父母的标识，是我们用来勉励自己的精神象征。我们运行了“新教育萤火虫”亲子共读项目，成立了新父母研究所。因此当我读到这首先生为初小孩子写作、原名为《小萤虫》、发表于《开明国语课本》上册中的小诗时，心里充满了感动与惊喜。

我将这首诗送给新教育萤火虫团队，送给全体新教育同仁，送给与孩子一起成长的新父母们，送给所有愿意点亮自己、照亮他人的人。

在茫茫人海中，在迷失方向的时刻，我们希望通过自身的努力，给世界带来一点光亮。我们每个人都是小小萤火虫，每一个人的光都十分有限，但是，如

果我们每个人都点亮自己，世界将因为我们而璀璨！

最后，与大家分享前不久在网上看到的一首《萤火虫之歌》，作者署名为“水帘洞主”，据说也经过许多网友共同修改。让我们以学习，不断点亮自己，让我们以飞翔，共同把世界照亮！

和你们相识在那个晚上，
没有星星也没有月亮，
漂泊的我寻不见那归路，
孤独的心中充塞着迷惘；

倏忽间眼前闪烁点点光芒，
给了我信心啊给了我力量，
是那点点微弱的萤火，
把我心中的灯儿点亮；

我问小小精灵啊来自何方？
可是那从天上偷渡的星光？
你们默默地告别了我，
冲破黑雾又去了远方；

自从那个晚上认识了你们，
我知道了一分热一分光的力量，
人都讲星星之火可燎原，
我说萤火汇聚能把世界照亮，
点点萤火汇聚啊，
就能把这世界照亮！

教育是工具

>> 我以为教育应该指学校教育而言。所以教育是用学校作为工具，把旧有的知识系统传授给继起的青年，使他们养成一种适合于既成社会的人格，以维持和发展这个社会。所以教育是人类获得生存资料和经营生活的一种工具。教育本身并非目的，而是工具。这种工具，大而言之可以挽救国家社会，小而言之可以指导个人，改造个人的错误，实现个人的本能，它的作用是很大的。

——《教育与人生：叶圣陶教育论著选读》，第 49 页

朱永新解读：

2014 年，我曾经和大家一起读过一段时间叶圣陶先生的教育著作。几年过去了，我们再次温习他的文字，依然很亲切。

叶圣陶在这里是从狭义的角度看教育的，也就是说，他这里讲的教育是学校教育。学校教育之所以是工具，一方面是它的社会功能，通过传授知识和形成人格，培养一定社会需要的人才，“以维持和发展这个社会”。另一方面是它的个体功能，即通过指导个人的成长，实现个人的潜能。教育的社会功能和个体功能又是统一的，即通过培养社会需要的个体，来实现教育的价值。

为什么要办教育？

>> 凡是从事教育工作的，无论哪一级的行政领导和哪一所学校的教职员工，都应该时常想一想，问一问：为什么要办教育？教育究竟是干什么的？教育这个词儿究竟包含哪些内容？这一类问题好像问得太愚笨了，其实都是带根本性的问题，非认清楚辨明白不可。如果你回答说，办教育为的是把学生培养成为德智体全面发展的建设社会主义的人才，好，你的回答对了。但是还可以问：你把升学率的高低作为评判教育质量的唯一标准，又是什么理由呢？只怕你要“王顾左右而言他”了。既然如此，片面追求升学率的办法，以及光看不甚可靠的分数来衡量学生的办法，光要学生按照书上写的老师讲的来回答的办法等等，难道还不需要改一改吗？

——《叶圣陶集》第 7 卷，第 287 页

朱永新解读：

为什么要办教育？教育究竟是干什么的？这是教育的大问题。我们许多教育行政部门的领导和一线的教师，每天在做教育的事情，却很少思考这样的问题。就像我们每天在辛苦地赶路，却根本不知道要走向何处。所以，所有与教育相关的人，所有做教育的人，首先应该思考这个大问题，看清前行的方向。既然我们是要培养全面发展的人，为什么又要把升学率作为评价教育质量的唯一标准呢？既然我们是要过一种幸福完整的教育生活，为什么还要让学生们有如此沉重的课业负担呢？知行分离的毛病，根子还是没有真正弄清楚教育的这个大问题：究竟为什么办教育。

教育要为全社会而设计

>> **教育要为全社会而设计，要为训练成对社会作点事的人而设计；教育决不能为挑选少数选手而设计，结果使这些选手光荣显耀，站在众人的头顶上，伸出手来，收受众人的供养。**

——《叶圣陶集》第 12 卷，第 10 页

朱永新解读：

在现代义务教育制度出现前的很长的历史时期，教育是为少数人服务的。这种通过教育培养少数的“人上人”的观念，在现代社会仍然有很大的市场。在叶圣陶生活的年代，仍然出现了“在学校毕了业，没有出路的，冻馁难免。幸而有了出路的，做的是虚空不落实甚至剥削别人侵害别人的事。而那些确实对社会尽力作事的，如农夫，如工人，却大部分不曾受过什么学校的‘教育’”。[①] 也就是说，教育仍然不是真正为全社会设计的，而只是为少数人谋利的，通过层层选拔，培养那些“站在众人的头顶上，伸出手来，收受众人的供养”的尖子。这样的教育，自然是应该彻底改造的。

---

① 《叶圣陶集》（第 12 卷），第 10 页。

>> 民国时代要行真正的民主，必须人人自己觉着是老百姓，是个不折不扣的老百姓，是个处于主人地位的老百姓。公务人员，技术人员，乃至于什么什么家，都是社会间不可缺少的，自然得由许多人去当。但是有个重要条件，当这些人员这些家的，仍然是个老百姓，他的一切努力都是为老百姓服务，也就是为他自己的伙伴服务，决不为旁的……

教育要变，就得在精神上变，革除传统的教育精神，认定以老百姓为本位。学制与课程之类也不是不重要，然而精神不立，单就这些上讨论如何如何更改，就是舍本逐末，必然没有什么好处。对谁没有好处呢？对受教育的没有好处，对国家民族没有好处。

——《叶圣陶集》第 12 卷，第 204 页

朱永新解读：

在叶圣陶先生所处的民国时代，民主主义、社会公平正义的理念和平民教育的思想成为重要的社会思潮。在教育方面的表现，就是革除传统的“劳心者治人，劳力者治于人”的观念，树立“以老百姓为本位”的思想。这是教育的出发点，也是教育的根本所在。叶圣陶说的老百姓，是人的代称。也就是说，所有的人都是老百姓，都是社会的主人。在这个社会，没有仆人，公务人员、技术人员、艺术家、科学家、劳动大众，都是老百姓，只有分工的不同，没有尊卑高低。

这个前提的确立，也是对受教育对象的定位，他们都是未来社会的主人，都是老百姓。课程也好，学制也罢，都要考虑老百姓的日常需求，考虑社会的需要。

教育的最终目的在学生能自学自励

>> 教育的最终目的在学生能自学自励，出了学校，担任了工作，一直能自学自励，一辈子做主动有为的人。既然如此，教育工作者就得在启发、引导、辅助各方面多尽力多想办法，绝对不该死教书，绝对不该叫学生死记硬背，绝对不该布置学生无益有害的作业让学生精神身体都困倦。

——《叶圣陶集》第 25 卷，第 83 页

朱永新解读：

教是为了不教，这是叶圣陶教育思想的精髓。如何才能不教？就是培养学生良好的学习习惯，能够“自学自励”。也就是说，教育的目的不是为了培养学生成为只会死记硬背的考试机器，教师也不能够只会布置那些“无益有害的作业”，让学生毫无学习兴趣，“精神身体都困倦”。所以，好的教育，好的教师，就要在“自学自励”上面下功夫，就要努力激发学生的内驱力，启发、引导学生积极主动学习，“一辈子做主动有为的人”。

知识学问不是装饰品

>> 我们有个好传统，求知识做学问要讲“躬行实践”，要讲“有诸己”。知识学问不是装饰品，为了充实生活，为了做社会里一个有意义的人，为了社会的进步和发展，所以我们要求知识做学问。小学生中学生学的东西虽然浅，道理也一样。因此，什么东西都不能装了进去就算，装了进去考试能得五分也未必就好，必须使所学的东西融化在学生的思想、感情、行动里，学生的思想、感情、行动确实受到所学的东西的影响，才算真正有了成效。这不是“装”的办法所能做到的，这必须用名副其实的教育。

——《叶圣陶集》第 11 卷，第 235 页

朱永新解读：

这段文字来源于叶圣陶先生发表在 1957 年 6 月 3 日《文汇报》的一篇文章。文字一开头就批评了我们把受教育者看成瓶子的做法，瓶子里少了点什么，就往里面装什么。这样的做法，根本问题是把学生当做了毫无主动性的容器，把知识学问当成了装饰品。所以他说，瓶子是用来装东西的，不是用来装知识的。东西装在瓶子里，东西自东西，瓶子自瓶子，“不起什么混合作用或是化合作用”。所以，知识学问的意义是使用，即用知识学问去解决现实生活的问题，使我们的生活更加充实，更有意义。因此，运用知识学问，躬身实践，学以致用，联系实际，才是教育的真正要义。

学习不等于读书

>> 学习不等于读书。认为读书就是学习，这个观点要打破。把进学校说成“读书”，是一种普通的说法，通俗的说法，不要把“读书”两个字看得太死。学生看得太死，学生自己吃亏；教师看得太死，不能教好学生；家长看得太死，对不起自己的子女。严格说起来，进小学中学大学都不是去读书，而是去受教育。受教育的目的不是为了应付考试，是为了做社会的合格成员，国家的合格公民。

——《叶圣陶集》第 11 卷，第 357 页

朱永新解读：

学习不等于读书，读书只是学习的一个重要内容、重要方式。当然，教育也不等于读书，读书只是教育的一个重要内容、重要方式。虽然，从现代学习科学的理论来看，读书、学习、教育是有着非常密切的关系的。叶圣陶先生这里说的读书，还是指以书面学习、知识记忆为主的活动，甚至是指“死读书”的读书，应付考试的读书。他坚持认为，受教育的目的就是为了成为社会的合格成员，国家的合格公民，而不是简单地为读书而读书。

教育不可分割

>> 学校为了教和学的方便，定了各门课程分别教授，分别训练，但是教育仍然是不可分割的整体。当教师的人虽然有分工，你教体育，我教语文，他教政治或者常识，可是受教育的每一个学生都是一个不可分割的整体。因此，教师无论教什么，都得从整体着想；互相配合，步调一致，才能把每一个学生都培养成为对社会主义建设有用的公民。

……教育不但不可分割，而且应该渗透在各种活动之中。如果把某一种活动机械地规定为进行某一项教育，恐怕是不切合实际的，结果只会削弱这种活动的教育作用。

——《叶圣陶集》第 11 卷，第 331—332 页

朱永新解读：

现代教育最大的问题之一，就是知识、学科的过于碎片化。叶圣陶认为，知识是一个整体，学校只是为了教和学的方便，才把各个课程分别教授，分别训练，但这不妨碍教育本身是一个有机统一的整体。对于不同的教师来说，他们所教的学科虽然不同，但是心里一定要明白，所有的学科之间是相通的。例如，教语文的，不能离开政治，离开常识，离开历史，离开哲学，离开地理，等等。所以，五育并举，也是互相渗透的，不是简单的某一两门课程对应某种教育。所有的学科教育，都有一个共同的任务，那就是全面育人，协同育人。

学校宜使儿童多多接触实际事物

>> 总而言之，学校宜使儿童多多接触实际事物，使他们随处觉得有兴趣，随处可以研究，他们就随处可以获得切己的利益。学校里多备书籍固然是很好的事，但应当摆在图书室里，而不把书籍特定为儿童每天必须接触的东西，这样才能使书籍的权威不超出于实际事物之上……

儿童在进学校之前，自有他们的生活；进了学校，自然是继续他们的生活。所以两者必须顺着一个方向，不过在质的方面有所不同，便是学校生活比以前的生活合理而有系统。他们将来出了学校，终其一生，把学校生活所得的经验作为基础去应付事物，这才收到了学校教育的效果。

——《叶圣陶集》第 11 卷，第 33—34 页

朱永新解读：

如果学校只是让学生消极地接受知识，完全不接触实际生活，学生就会讨厌学习。只有让他们多多接触社会生活，多多接触实际事物，才能主动积极地学习，兴趣盎然地学习。学校当然需要阅读，但阅读不是学校的唯一。如果学生不能够接触社会，接触生活，就无法进行真正的学习，学习的效果也无法得到迁移。这与现代项目式学习颇为相似，体现了学习的本质特点。

学校教育的总目标是发展学生的知能

>> 在中小学校里，学科的划分只为着教学的便利起见，教学的时候利用语言和文字作工具，也无非为着便利，其总目标却在发展学生的知能；所谓知能包括思想和行动，也就是整个的生活。一个学生在学校里受教育，他的成绩好或者不好，要看他的知能发展到什么程度，要看他能否随时利用了学得的东西去应付实际生活，方可断言。如果只是对于某一学科记忆得熟，问到他，他总回答得出，而在生活方面却并没有多大影响，这样的学生，他的成绩是否算得好，那就难说了。所以，贤明的教育家不看重什么考试，他与学生日常接触，学生的一举一动都是他据以下评判的资料啊。

——《叶圣陶集》第12卷，第68页

朱永新解读：

叶圣陶对于那些专门供考试用的书籍是瞧不起的，对于那些只会考试而不会生活的学生也是瞧不起的。所以，他认为看一个学生成绩好坏，不是看考试考了多少分，而是看他的智能发展到怎样的程度。而看智能发展到怎样的程度，关键是看他能不能用学习的知识技能去解决生活中的问题。所以，叶圣陶看到，真正优秀贤明的教育家，是不太关注考试成绩的，而是在日常生活之中，观察和了解学生，注意他们发现问题和解决问题的能力。

教育要以生活为本位

>> 教育不以生活为本位而以知识为本位，是一个大毛病。由于不以生活为本位，所以不讲当前受用，读了植物学可以不辨菽麦，读了生理卫生可以绝无卫生习惯。由于不以生活为本位，所以只讲记诵，能够照书本回答就得一百分，不能够照书本回答注定吃大亏。由于不以生活为本位，所以受教育成了一件奢侈事情，譬如穿一件绣花衣服，穿了固然体面，可是不穿也没有关系。

——《叶圣陶集》第 12 卷，第 272 页

朱永新解读：

教育究竟应该是以生活为本位，注重解决生活中的问题，还是应该以知识为本位，注重回答试卷上的问题？这个问题的答案本来是很清楚的，学以致用，教给学生一生有用的东西，这才是教育应该做的事情。问题在于，在评价学生的学习和老师的教学时，一张试卷最简单。既然用试卷评价最简单，也就塑造了教育的懒汉，塑造了教育的考试至上和分数至上。学习生物学植物学可以不认识菽麦，学习生理卫生可以没有卫生习惯，这样的荒唐事也就应运而生了。所以，要树立生活本位的理念，关键还要改变评价模式。

办教育比种庄稼复杂得多

>> 把办教育跟种庄稼相比，有相同也有不相同。相同的是工作对象都有生命，都能自己成长，都有自己成长的规律。不同的是办教育比种庄稼复杂得多。种庄稼只要满足庄稼生理上生长的需要就成，办教育还得给受教育者提供陶冶品德、启迪智慧、锻炼能力的种种条件，让他们能动地利用这些条件，在德智体各方面逐步发展成长，成为合格的建设社会主义的人才。

——《叶圣陶集》第11卷，第345页

朱永新解读：

叶圣陶先生曾经说过“教育是农业而不是工业”。他在这里又补充说，教育又不同于一般的农业。因为，办教育跟种庄稼相比，有相同也有不同。相同的地方是，第一，办教育的对象是学生，种庄稼的对象是种子和庄稼，两者的工作对象都有生命。第二，学生也好，庄稼也罢，他们都能自己成长。不要忽视了他们自主成长的意义。第三，学生和庄稼都有自己成长的规律，要尊重规律，因势利导，才能取得工作的成就。不同的地方在于，学生成长的规律，比庄稼成长的规律要复杂得多得多。庄稼的成长主要是阳光雨露肥料能够恰到好处，主要是“生理性”需求。但是人则不然，要努力为学生提供陶冶品德、启迪智慧、锻炼能力的种种条件，而且每个人都不相同。

学校教育的毛病

>> 幼稚园时期不算，一个学生从小学到大学毕业要多少年？小学六年，中学六年，大学四年，一共一十六年，不是个短时期啊！就算活到八十岁，一十六年就占去了五分之一。而这一十六年得消磨在坐在教室里的椅子上听教师讲说上！疲惫，厌倦，疲惫，厌倦，像两道纠缠无已的绳索，紧紧捆住学生的身心。人家往往夸说受教育是一种高贵的权利，但是，站在学生的地位，替学生设身处地想一想，就觉得受教育是一种刑罚。这种刑罚是没法补偿的，一十六年的疲惫与厌倦给予身心的影响将永远是人生的缺陷。

——《叶圣陶集》第 11 卷，第 195 页

朱永新解读：

叶圣陶是真正懂得孩子的教育家。

现代学校制度是工业革命的产物。为了让人适应机器生产，需要普及教育，需要让所有的劳动者掌握基本的读写算的能力。这样，就出现了一个把教育与生活、职业相“隔离”的学校教育体系。这个体系的价值不言而喻，但缺点也是胎里毛病，忽视了学习者的个性差异，忽视了学习者的主动性。漫长的学习历程（如果加上硕士和博士，要超过 20 年），人生四分之一的时间，“消磨在坐在教室里的椅子上听教师讲说上”，对于学生来说的确很不容易，产生疲惫、厌倦的心态是不可避免的。这也是我多次提出要改革我们的教育体系，把学校改造成为新型学习中心的原因之一。

教育的『轴』和功课的『辐』

>> 我无论担任哪一门功课，自然要认清那门功课的目标，如国文科在训练思维，养成语言文字的好习惯，理化科在懂得自然，进而操纵自然之类；同时我不忘记各种功课有个总目标，那就是“教育”——造成健全的公民。每一种功课犹如车轮上的一根“辐”，许多的辐必须集中在“教育”的“轴”上，才能成为把国家民族推向前进的整个“轮子”。这个观念虽然近乎抽象，可是很关重要。有了这个观念，我才不会贪图省事，把功课教得太松太浅，或者过分要好，把功课教得太紧太深。

——《叶圣陶集》第11卷，第135—136页

朱永新解读：

教育是根本，是轴心。教学活动和课程是为教育这个轴心服务的“辐”。如果每根“辐”都能够记住自己的使命是服务轴心，教育的根本目标就能够实现。但是，如果每根辐都各自为战，都只记住自己那门功课的小目标，就无法真正实现教育的大目标。也就是说，无论是语文老师、数学老师、物理老师、化学老师、历史老师、地理老师，在教授自己学科的专门知识的时候，心里要时刻想着育人这个大目标。这样，才能更好地让小目标服务服从大目标，才能成为把国家民族推向前进的整个“轮子”。

一切思维行动贯彻在『信』里

>> 景慕往哲，固然是好。然而徒然景慕，实际上没有什么好。要紧的是拿出力量来，踏着往哲的道路，从苦难中争取前途的光明。
说到力量，说到争取，说到刀锯汤镬有所不避，那就不是知识方面的事，而是实践方面生活方面的事了。仅仅口头心头有个“信”，不济事。必须一切思维行动贯彻在那个“信”里，沉浸在那个“信”里，久而不渝，终身以之，才成。没有什么东西比它更坚强的“信”就是这样的“信”。

——《叶圣陶集》第6卷，第78页

朱永新解读：

临渊羡鱼，不如退而结网。退而结网，要心中有网。羡慕——行动——信仰，这是一个逻辑的链条，只有真正的信仰，才能把羡慕变成实实在在的行动。这就是所谓知之者不如好之者，好之者不如行之者，行之者不如信之者。或者也可以说，只有坚定的信仰，才能有实际的行动。而且，这个信，不是口头上说说而已的信，而是真正的笃信、坚信，信仰一般的信。

教育在乎一点一滴的实干

>> 教育事业的目标在辅导下一辈人的发育生长。说到发育生长，其中就含有健全的，善良的，群己两利的，种种意思。辅导不能凭空辅导，必须寄托在实际事为上。知识的传授和能力的锻炼都是实际事为，通过这些实际事为才可以辅导，才可以使下一辈人发育生长。

……开其端，立其基，在乎一点一滴的实干，尤其在乎多数人一点一滴的实干。教育工作者干的是教育，这件事的本身就是那所谓一点一滴；同时他们辅导下一辈人发育生长，也无非要使下一辈人有他们的一点一滴。

——《叶圣陶集》第6卷，第274—277页

朱永新解读：

教育是来不得半点虚假的，需要一点一滴实实在在的工作。教育的对象是人，如何帮助人更好地发育生长，养成健全的人格、善良的人性、丰富的心智、创造的才华，这些都需要“一点一滴的实干”，需要所有教育工作者一点一滴的实干。这样的实干精神，本身也是巨大的教育力量，会感染、激励下一代人也能够“一点一滴的实干”。教育，就是这样代代相传，用“一点一滴的实干”创造更加美好的未来。

四个『有所』

>> 有所爱，有所恶，有所为，有所不为。

四个“有所”联成一串儿。

兼爱是个理想。在还有善恶正邪的差别的时代，不能不“偏爱”那些善的正的。同时就得恶那些恶的邪的……爱了恶了，只是意向方面的事儿，如果不发而为行为，与没有这些意向并无不同。所以要有所为。为，就是把爱的意向恶的意向发而为种种行为，在种种行为上表现出来……同时，凡是与这些意向违反的事儿自然不愿干，不屑干。当前是些所爱的人，却去欺侮他们，给他们吃些苦头，肯吗？明明是件所恶的勾当，却昧良违心的干去，肯吗？这就是有所不为。

——《叶圣陶集》第 6 卷，第 112 页

朱永新解读：

我很喜欢叶圣陶先生的这篇文章。四个“有所”，前面两个是讲情感，后面两个是讲意志与行为。喜怒哀乐爱恶惧，是人之常情，人总是有七情六欲的。爱，作为一个正向的情感，是一个人很重要的人生动力。叶圣陶先生的好朋友冰心先生说过，有了爱，就有了一切。我们要像叶圣陶先生说的那样“兼爱”，把爱从自己的家庭、亲人扩散出去，爱天下的人，爱那些缺少关爱的人。有了爱，就有恶。与所爱的对立的东西，就要嫉恶如仇。同时，爱与恶，作为一种情感，作为一种意向，总是需要表达的，需要通过行为外化的。这个时候就出现了“有所为，有所不为”的问题了。有所为，有所不为，都需要意志的努力。

成才不等于进大学

>> 所谓成才，就咱们这个社会的标准来说，就是成为一个对社会主义建设有用的人，能进大学固然好，不进大学，通过其他种种道路，同样能够达到这个目标。高中毕业生只有一小部分能进大学，这个情况在本世纪内大概不会有多大改变。所以孩子进不了大学，千万不要责备他们，把孩子逼坏了，甚至逼死了，那就成为毕生的遗憾了。

——《叶圣陶集》第 11 卷，第 320—321 页

朱永新解读：

成才不等于上大学，成才不等于进名校，是叶圣陶先生的基本观点。他认为，成才与否不是取决于上不上大学，而是取决于能否成为一个对社会有用的人。在他的时代，上大学还是少数人才能拥有的机会，如果只有上大学才能够算是成才，那么大部分人就是陪读生了。所以，他主张父母们不要把上不上大学作为孩子是否成才的标准，不要把孩子逼上大学的战车。叶圣陶是这样说的，自己也是这样做的。他的三个儿女，不仅没有上好的小学、好的中学，两个儿子甚至连大学的门也没有进过。在叶圣陶担任教育部副部长和人民教育出版社社长时，他的孙子孙女，也没上北京的名校，而是在离家最近的学校读书。叶圣陶用自己的行动践行了“幸福比成功更重要，成人比成才更重要”。

第二章

童心是
最灵妙的世界
——儿童心理论

导语

儿童的内心世界奇妙无比！儿童的想象力、儿童的创造力、儿童与宇宙一体的直觉和话语充满了生命力。教育最可贵的地方，就是要发现这个巨大的宝藏，给予孩子理性和智慧的爱。要以孩子为中心，倾听他们的心声，尊重孩子的各种可能性，培养孩子的兴趣，发挥孩子自己的力量，让孩子勇敢无畏，独立处理问题，分辨是非，探索各种未知的世界，帮助他们实现美好的愿望，体会成功的喜悦。

珍惜孩子的可能性

>> 一棵花，一棵草，它那发荣滋长的可能性，在一粒种子的时候早已具备了。但是有些种子竟不能发芽，便发了芽，竟有苗而不秀、华而不实的……称职的种植家栽培植物，虽不能增加植物的可能性，却能渐渐改良那不良的遗传性和环境。不称职的种植家非但不能改良遗传性和环境，反而阻遏可能性，那么植物就糟了。如今把植物比作小学生，小学教师便是个种植家。栽培小学生有效没有效，只有他负责任。

——《叶圣陶集》第 11 卷，第 8 页

朱永新解读：

相信种子，相信岁月。这是新教育人对教育的基本信念。但是，正如叶圣陶先生所说，在现实生活中，有些种子是不能够发芽的，有些种子即使发了芽，也会有“苗而不秀、华而不实”的。其中，种植家起着关键的作用。

每一粒种子都蕴藏着极大的可能性。如果把种子比作孩子，把种植家比作教师，那么，教育的作用，不是增加种子或者植物的可能性，而是尽最大的努力发挥这种可能性。

教师是如此，父母也是如此。我们应该充分尊重孩子的各种可能性。不要把自己的意志强加给孩子，而是善于发现孩子的各种潜能、兴趣、特长，然后给予最大程度的帮助与支持，帮助孩子把自己的可能性变为现实。

欲望是人生活动的原动力

>> 欲望是人生活动的原动力。欲望的起源由于感到缺陷。渡水不得，便想造船；致远累事，便想造车；推而广之，便是哲学科学，哪一件不是从弥补缺陷起源的。儿童的活动逾越常规，就因为他们对环境感到新奇，非常羡慕，于是引起了求知求行求享受的欲望。顺着他的欲望的趋向，作为教育的入手方法，使他们如愿以偿，才是教育者最应当尽力的事务。顺着他们的欲望，并不是使他们纵欲肆志，而是不加摧残，不与违拗，引导他们满足欲望，归结到合理而有系统的道路上去。他们的欲望有时是不应达到的，或者是扰乱秩序的，这也不可以遏止（无论何人，欲望受到遏止将会何等懊丧！），最好用替代的方法以求补救。他们有了替代的欲望，不蹈空虚，不生恶果，终于得到了满足，那是何等的安慰，何等的快活！

——《叶圣陶集》第11卷，第39—40页

朱永新解读：

人有各种各样的欲望。欲望与本能不同，欲望更多是人在后天的社会实践中形成和发展的。

叶圣陶先生说，欲望是人生活动的原动力，也就是说，欲望是创造世界的原动力。因为，欲望是从“不满”开始的，是从“缺陷”开端的。

因此，对于父母和教师来说，一方面，要关注孩子的欲望，满足孩子的合理欲望，帮助他们实现美好

的欲望；另外一方面，也要引导孩子的不合理欲望向合理的方向转变，要让孩子知道，不是所有的欲望都是合理的，不是所有的欲望都是能够满足的。既要有所为，又要有所不为，人生才能够真正有作为。

兴趣是我们生命所寄托着的

>> 兴趣是我们生命所寄托着的。一个人的世界，不能大于他兴趣所及的范围，唯有这个范围方是他内在的真实的世界。……今后的教育要着力于扩充儿童兴趣所及的范围，并使他们养成终身的习惯。一个人影响他人的能力的大小强弱，多半靠他自己的兴趣的多少和深浅。无论何人，如果要影响他人，必须同情和了解他人的兴趣所在。所谓同情和了解，就是从他人的观点去看当前的事物。所以教育者须要扩充自己的兴趣范围，更须要真切了解儿童的兴趣可能及到的范围。

——《叶圣陶集》第 11 卷，第 40—41 页

朱永新解读：

人是跟着兴趣行走、成长的。儿童是如此，成人也是如此。

兴趣会决定人生的方向和人生的成就。一个人的兴趣有多大，他的世界就有多大。叶圣陶先生说得好，平时我们以为我们的环境就是围绕着我们的事物的总和，“其实我们所寄托的只有我们经验过的一部分事物罢了”。最可怕的事情，就是一个人对任何事情都索然无味，无动于衷，即视为哀莫大于心死。

所以，教师和父母所要做的，就是要努力发现、引导和培养孩子的兴趣，鼓励孩子对自己感兴趣的事物进行探索，不要嘲笑他们的幼稚和无知，不要训斥他们在探索中的错误与荒唐。

成功的喜悦

>> 儿欲爬上凳子，
玩弄桌上摆着的
积木，摇鼓，小锡船，耍孩儿。
他右膝支着凳面，耸身屡屡，
可是力量不济，
不能成就他的尝试。

老太太看见了，
把他抱起来，让他坐上凳子。
她的动作十分轻易。
但是，这使他十分失意，
啼声乍发，身子一溜，
两脚又站在地。

为什么啼泣？
要发展你独创的天才？
要锻炼你奋发的潜力？
要期求你意志的自由？
要享受你成功的喜悦？

他不作什么说明，
只是继续他的尝试。
忽然身子一耸，两脚离地，
他又坐上了凳子，
玩具在他的手里，
笑容浮上他的两颐。

——《叶圣陶集》第8卷，第63页

朱永新解读：

这其实是一首教育哲理诗。诗中描写了一个渴望站立、渴望独立、渴望自己玩耍的孩童的心灵历程。成人的帮助对于孩子非常重要，但是，当孩子想自己独立解决问题，自己处理事务的时候，应该鼓励他的自我探索和努力。如果像诗中的老奶奶一样，看到孩子想爬上凳子而未果，就轻轻抱他上去，孩子就失去了自我探索的快乐，失去了成就感。所以，他宁愿下来，继续自己的探索和尝试，直到成功。

亲爱的父母们啊，如果你要发展孩子独创的天才，锻炼孩子奋发的潜力，期求孩子意志的自由，让孩子享受成功的喜悦，那么，就放手让孩子自己去探索，去尝试，去努力吧！呵护而不包办，鼓励而不代替，孩子才能够更加阳光地成长。

儿童的天性注重事实

>> 儿童的天性本是注重事实的，欢喜自己去做的，凡是合乎他们天性的，他们就愿意知道它，学会它；与他们的天性不相侔合的，他们就不想知道，不高兴学。学校教育定出各种科目叫学生学习，只为帮助他们确定切合人生的人生观，那么应当就他们耳闻目见的种种事物，把研究的方法，推理的途径，一一给予指导。为教授的便利起见，把种种事物分析开来，便有了关于身体、关于修养、关于知识的种种科目，许多科目统贯起来只是一条线索，就是帮助他们确定切合人生的人生观。学生在学习的时候，觉得样样是事实，样样有趣，样样做得到，他们便分外勤奋。这时候他们觉得很有用得着书籍的地方，他们便去读书。

——《叶圣陶集》第 11 卷，第 16 页

朱永新解读：

叶圣陶先生认为，小学教育的价值，在于“打定小学生一辈子有真实明确的人生观的根基”①。而要形成小学生的正确的人生观，首先需要小学教师具有正确的人生观。如果小学教师缺少修养功夫，“教育事业的根本就得了病”②。如果小学教师没有正确的人生观，他们也就不会明白学生“现在的情性和将来的

---

① 《叶圣陶集》（第 11 卷），第 9 页。

② 《叶圣陶集》（第 11 卷），第 12 页。

希望”[1]。

怎样帮助小学生形成正确的人生观呢？读书是一条重要的路径。但如果死读书读死书，也没有意义，只是费了许多精神，占了许多时间。一个人在幼年时的精神和时间都是十分宝贵的，无端被用在“死读书”上，就如同被抛进汪洋大海里一样。所以，正确的方法，是尊重儿童的天性，注重用事实说话。如果孩子们在学习的时候，觉得样样是事实，样样做得到，样样有趣味，就会学得勤奋学得扎实。

---

① 《叶圣陶集》(第 11 卷)，第 13 页。

儿童的心声之一：你们真的爱我吗？

>>“你这么拍我，呜我，在你以为是爱我；如其不往深处想，我也可以承认你是爱我。但是，你终究是我的仇敌！”

……

“你们试想，你们所谓爱我们的，有多少意义？不如确切一点说，这是你们自己的游戏和消遣。先问你们：你们曾为我们的身体着想而寻求过适宜的保育方法么？你们曾为我们的智慧着想而给予过有价值的玩具么？你们曾为我们特设过一种好的环境么？你们曾为我们讲说过一些好的话语么？你们曾针对我们的需要而付与过么？你们曾觉察我们的危害而预防过么？总之一句话，你们曾真个为我们尽过一点心么？”

——《叶圣陶集》第 5 卷，第 52 页

朱永新解读：

这是选自叶圣陶先生颇具感情的一篇散文。当时他的女儿出生了，晚上看着妻子因为女儿的哭泣而无法入眠，自己也思绪万千，仿佛看到了女儿代表着人间无数的子女和学童在啼哭，在诉说。“她没有开口之前，举起小拳头向我作打击的姿势，眼睛张得很大，射出愤怒的光。语声从小嘴里发出，很有威严，使我凛然。”[①] 是的，如果细细想想，我们是真的爱我们的孩子吗？我们真的是为孩子们创造了良好的环境吗？

① 《叶圣陶集》(第 5 卷)，第 51—52 页。

我们真的是尽力为孩子的身心发展提供了最好的方法吗?

在很多情况下，我们成人，父母，也是自我中心的。我们不过是打着爱的旗号，满足自己的需要，而不是真正地为孩子的长远发展考虑。所以，走进孩子的内心深处，关注孩子的真正需要，帮助孩子更好地成长，才是真正的爱。

儿童的心声之二：我们是可有可无的存在

>>“不管是什么食品，你们高兴的时候，便是粘韧难以消化的，也同喂猫狗一般给我们吃了。我们所需要的营养料，你们反而不给，因为你们觉得没意思。不管是什么衣物，你们以为可以装饰你们的小玩偶的时候，便是笨重累赘的，也给我们穿了戴了。我们所需要的轻暖舒适的服饰，你们反而不给，因为你们不喜欢。你们中间穷苦的，给我们吃，有一顿没一顿，给我们穿，掩了下身掩不了上身。黑暗的积满灰尘的屋角里，我们被扔在那里蜷缩着。繁殖着臭虫蚤虱的草铺上，我们被扔在那里躺着。这就是你们的保育方法了。”

“你们中间，有些人同牛马一般，肩背上担负着不可堪的工作，要我们帮一点忙，便将笨重的工具授予我们，叫我们软弱无力的小手拿着，也照样工作。有些人读惯了某些书本，看惯了某些画幅，要我们尝到同样的滋味，便将那些书本画幅授予我们，叫我们照样读着看着。你们喜欢赌博，当赢了钱非常乐意的时候，就给我们一副纸牌，叫我们照样玩去。……这些就是你们所给予的玩具了！”

——《叶圣陶集》第 5 卷，第 52—53 页

朱永新解读：

把自己的意志强加给孩子，这是我们许多父母经常无意识中会犯的错。我们认为好吃的东西，不管孩子喜欢不喜欢，硬塞给他们吃；我们认为好看的衣服，不管孩子舒服不舒服，硬让他们穿；我们认为有价值

的图书，不管是否适合孩子的阅读能力，硬逼着他们阅看；甚至我们喜欢喝酒，也让孩子尝试喝几口；我们喜欢赌博，也让孩子玩牌。

这些行为，其实都是把孩子作为自己的附庸，作为自己的私财，作为圆自己没有实现的梦想的工具。孩子本身，只不过是可有可无的存在。

亲爱的父母，试着站在孩子的立场上看看吧！孩子都是唯一的存在，他们只有成为自己，才能够贡献社会，也才能够真正实现父母的梦想。

儿童的心声之三：你们对我们的欢叫和怒骂

>>“你们又何尝同我们谈过话！你们坚信小玩偶不是你们谈话的对手，你们自有你们的高尚而有意义的思想，不是我们所能懂得的。你们中间操劳的，自己当机器还来不及，自然也不同我们谈话。只有你们快活的时候，才‘小宝贝’‘小心肝’地叫一阵；不爽快的时候，就‘讨厌的东西！’‘我要打了！’‘快给我滚开’地骂一回。这使我们不能想清楚一个念头，说完全一句话，因为想念头和说话都靠谈话做钥匙，而你们对我们只有欢叫和怒骂！”

——《叶圣陶集》第5卷，第54页

朱永新解读：

儿童也是独立的人，他有独立的人格，需要平等的对话与交流。

但是，在现实生活中，儿童只是父母“欢叫和怒骂”的对象。做了让父母开心的事，无论正确与否，他们都会用欢叫表示肯定；做了让父母不开心的事，无论正确与否，他们都会用怒骂表示否定。快活的时候，心肝宝贝叫个不停；不爽的时候，讨厌浑蛋骂个不休。其实，这一切，都是我们并没有真正把孩子作为一个独立的人来看，来对待。我们很少真正倾听他们内心的声音，很少与他们进行心灵的交流。

亲爱的父母们，学会把孩子作为朋友，学会与他们平等地交流对话吧，你会重新发现并再次拥有孩童世界的美丽！

儿童的心声之四：你们真的在教育我们吗？

>> “感谢你们，特地标出极重大的题目，像煞有介事地，教育我们了。你们保存着古昔传下来的记忆，相信这些完全是好的，因为合着你们的脾胃；你们就将全部传授给我们，还希望我们也照样传授下去。我们曾否向你们索要这些，曾否感激你们的传授，你们却完全不问。你们自有你们的模型，我们是烂泥，要制造只供玩耍的泥人儿，将烂泥往模型里按就是了。这就是你们的教育！”

——《叶圣陶集》第5卷，第54页

朱永新解读：

在生活上，许多父母以自我为中心，在教育上，同样也是如此。我们经常按照自己的喜好，把自己认为好的东西强加给孩子，却全然不管孩子需要不需要，适合不适合。

其实，每个孩子都是一个独特的世界。教育，应该帮助每个孩子成为他自己。除了一些共同的基础性的内容外，适合这个孩子的，未必适合另外一个孩子。

更为重要的是，孩子不是消极接受教育的“烂泥”，可以任人捏塑，随心所欲地按照父母的意愿培养。“种豆南山下，草盛豆苗稀”，在教育上我们也经常会遇到这样的情况，这往往与我们不了解孩子，没有走进孩子独特的世界有关。

亲爱的老师和父母们，你们的每个学生和孩子都是世界上独一无二的精灵。请注意他的独特性，注意他的眼神、他的兴趣、他的心。

儿童的心声之五：爱我们是你们的责任

>>“我们是要不停地前进，向将来走去的。这将来虽然尚在前方，但我们可以预测，多一半是惨酷的遭遇。我们固然要奋发自己的能力，和那些惨酷的遭遇斗争。可是我们已经做了你们的玩物，你们的消遣品，我们已经被损害了。斗争的结果怎么样，正难说呢！”

……

“我们不曾请求你们做父母做教师呵！你们既然不自谦地做了，爱我们就是你们的责任……我们不愿有虚幻的奢侈的希望——希求你们的爱，只欲抗拒你们将我们作游戏和消遣，就是你们自以为爱我们的那一套。”

——《叶圣陶集》第5卷，第55页

朱永新解读：

叶圣陶借孩子的口，控诉当时的家庭教育。他认为，如果这样下去，孩子们的身体将“脆弱而多病”，情感将“淡漠而无所属”，思想将“拘束而不得自由”。这一切的病因，其实还是父母并没有真正地爱孩子。

也许很多父母会觉得冤枉。他们说，我们够爱孩子了，我们把最好的吃的、穿的和玩的都给了孩子，难道我们还不够爱吗？

物质的给予，的确是一种爱。可如果只是这样，我们的爱，与其他动物的爱就没有本质的不同。鲁迅先生曾经说，爱孩子，这是连母鸡都会做的事情。

因此，真正的爱，应该是理性的、智慧的，应该是从孩子出发而不是从自己出发，是经过深思熟虑的。爱，是父母对孩子的情感，更是一种神圣的责任。

让孩子勇往无畏

>> 小孩有勇往无畏的气概，对于一切无所惧怯，这应该善为爱惜，善为发展，才可以使他们成为超过父母的人。要是屡次使他们恐怖，给他们恐怖的暗示，岂不是引导他们趋向怯弱么？果真要养成他们良好的习惯，最重要的是顺应他们的心情，在起居饮食嬉游说笑各方面造成良好的环境，使他们潜移默化。即使发见有什么不良的萌芽，也该用替代的方法使它转变为良好的萌芽。最不该的是采取消极的办法加以阻止。

——《叶圣陶集》第 9 卷，第 17 页

朱永新解读：

勇敢、无所畏惧，是一种优秀品质。这样的儿童往往阳光、自信、快乐、健康。

叶圣陶认为，儿童从本性上讲就是无所畏惧、勇于担当的。“初生牛犊不怕虎”，说的就是这个道理。恐惧、害怕，反倒是后天习得。如果父母成人经常用故事与言行去吓唬孩子，这样的教育最终就会让孩子对周围的世界充满恐惧。

亲爱的父母们，请不要用那些妖魔来简单地恐吓孩子，不要借神怪来粗暴地教训孩子。恐惧，只会培养出一颗退缩、怯弱的心灵。

保护儿童的想象力

>> 星儿凝眸，可以做母亲的项饰；月儿微笑，可以做玩耍的圆球；清风歌唱，娱人心魂；好花轻舞，招人作伴：这些都是想象，儿童所乐闻的。世界之广大，人类之渺小，赖有想象得以勇往而无惧怯。儿童在幼年就陶醉于想象的世界，一事一物，都认为有内在的生命，与自己有紧密的关联，这就是一种宇宙观，对他们的将来大有益处。

——《叶圣陶集》第 9 卷，第 18 页

朱永新解读：

儿童的世界是充满想象甚至幻想的。那是一个斑斓的世界，物我两忘，一切皆有可能。这种想象力，是创造的源泉。

想象力是天然地植根于儿童的内心的。如果我们的教育能够关注它，呵护它，它就能够慢慢地长大，成为一个生机勃勃的创造的主体。相反，如果我们漠视它，摧残它，它就会慢慢地枯萎、凋谢，孩子也随之渐渐对世界失去兴趣，对创造失去兴趣。

亲爱的父母们，你的孩子，可能就是爱迪生，可能就是毕加索，可能就是莫言。不要轻易地嘲笑他们的梦想，扼杀他们的想象，粉碎他们的“杰作”。要学会为他们喝彩，哪怕是为了一些从成人眼里看起来只觉得愚蠢可笑的行为。

童心是最灵妙的世界

>> 儿童的心里似乎无不是纯任直觉的，他们视一切都含有生命，所以常常与椅子谈话，与草木微笑。这就是文艺家的宇宙观。儿童若能将他们自己的直觉抒写出来，一定是无上的美。曾听有人说过，文艺家有个未开拓的世界而又是最灵妙的世界，就是童心。儿童不能自为抒写，文艺家观察其内在的生命而表现之；或者文艺家自己永葆其赤子之心，都可以开拓这个最灵妙的世界。

——《叶圣陶集》第9卷，第21页

朱永新解读：

童心最美，童心最真。美在真中，真彰显美。

儿童的世界有多么深邃，多么玄妙，我们还从未真的看个究竟。但儿童的创造性，儿童的想象力，儿童与宇宙一体的感觉，儿童那些充满张力的话语，的确经常让我们瞠目结舌，感叹不已。我们并没有真正发现这个巨大宝藏的价值。

亲爱的老师和父母们，让我们把孩子视为自己的老师吧！倾听他们的声音，观察他们的世界，记录他们的生活。这样去做，即使我们可能无法成为一个伟大的作家，但至少我们会由此真正走进儿童的世界，发现这个纯洁而伟大的世界。我们会真正回到童年，重新拥有童心。

儿童是人类的嫩芽和花朵

>>“儿童节”，多么含有生意的一个名词啊，看到这个名词，就会联想到草木的发芽，花朵的开放——儿童不是人类的嫩芽和花朵吗？

……

发着嫩芽，开着花朵，草木的生意绝不断绝；有着儿童，民族的生意绝不阻遏……即使是一片废墟，只要看得见嫩芽和花朵，将来的光景是无限乐观的。咱们要用这样的心情来纪念今年的“儿童节”。

——《叶圣陶集》第 12 卷，第 308—309 页

朱永新解读：

教育，从看见儿童开始。

叶圣陶的这段文字，是有感于儿童节而发的议论。他把儿童比作发着嫩芽、开着花朵的草木。儿童，儿童节，草木，花儿，这些都是生机勃勃、生生不息的词语，都是向着阳光、向着明天的美好的词语。儿童像嫩叶、花儿一样，代表着未来。他们的模样就是明天的模样。所以，关键是要用相信、期待、欣赏的心情和眼光来对待儿童，耐心地等待、用心地呵护他们成长，不要揠苗助长，不要粗暴干涉。

如何得到真知识?

>> 儿童总要在他们的实际生活中有所需求，自己去研究解决的办法，还要自己证实过，经验过，才会得到真的知识。有时他们听讲看书，却不立即信从别人的经验；而运用自己的推想力去寻求实证和实验，最后得到了和听到的看到的相同的结果，这也是他们的真知识。但是这等情形不一定常常遇到，总要自己实际经验实际证实，才能得到真个理解。

——《叶圣陶集》第11卷，第38页

朱永新解读：

实践出真知，这是一个朴素的道理，却是一个永恒的真理。

直接知识与间接知识，在学生的认识形成过程中都非常重要。但是教师的头脑中一定要有一根弦：那就是真正的知识，是要经过学生自己的探求才能得到的。正如叶圣陶先生说的那样：孩子们“总要自己实际经验实际证实，才能得到真个理解”。所以，即使学习间接知识，也应该尽可能与学生的生活经验、生命体验结合起来，为他们“运用自己的推想力去寻求实证和实验”创造条件。

什么样的教育环境有助于儿童成长？

>> 我们试想，使欢喜活动的儿童离开了他们玩弄、抚摩、观察、试验的环境，坐在教室里，所占的地位不过一桌一椅，所见到的东西不出于一室之外，所接触的事物就是某某科目，这不是一种特异的拘束的境界吗？在教室里进行教授，教师即使能注意启发，引起旧观念，授予新事物，然而为什么一定要在规定的时间内，提出儿童没有预想到的事物来讨论呢？对于没有预料到的事物即使认真去讨论，哪里及事物当前，自己用思想去应付它那样亲切有味呢？即使有实观教育，得以验证，哪里及在实际生活中遇到事物，自己设法去试验它证实它那样有兴趣呢？

——《叶圣陶集》第 11 卷，第 32 页

朱永新解读：

教育，是要考虑儿童的天性的。让天生爱活动，天生喜欢大自然，天生喜欢探究的儿童，端坐在封闭的教室里，“所占的地位不过一桌一椅，所见到的东西不出于一室之外，所接触的事物就是某某科目”，这对儿童的天性无疑是一种“特异的拘束”，无疑是不利于儿童的成长的。但是，长期以来我们却习以为常。为什么不能够让他们更多地走出教室，接触大自然，给他们更多的“玩弄、抚摩、观察、试验”的环境和机会呢？儿童是学习的主体，只有儿童主动地学习，欣然地探究，真正的学习才会发生。

第三章

只有做学生的学生，才能做学生的先生——教师论

导语

教师是教育成功实施的关键，而师范教育是“推进和革新教育事业的根本”。一名优秀的教师应该具备怎样的素养呢？好的老师，要对儿童一视同仁，真心把他们认作朋友；要享受当孩子王的乐趣，时刻把少年儿童挂在心间，从最细微处培养他们的好习惯；要以身作则，通过一言一行正面引导学生能做人，能做事，成为健全的公民；要有一点理想主义的情怀，有一些“傻子”的精神；还要做学生的学生，教学相长；在付出工作的同时，要源源不断谋求知识的“收入”，在不断求知和进修中成长。

忠诚地叫声『小朋友』

>> 我如果当小学教师，决不将投到学校里来的儿童认作讨厌的小家伙、惹得人心烦的小魔王；无论聪明的、愚蠢的、干净的、肮脏的，我都要称他们为“小朋友”。那不是假意殷勤，仅仅浮在嘴唇边，油腔滑调地喊一声，而是出于忠诚，真心认他们作朋友，真心要他们作朋友的亲切表示。小朋友的长成和进步是我的欢快；小朋友的羸弱和拙钝是我的忧虑。有了欢快，我将永远保持它；有了忧虑，我将设法消除它。对朋友的忠诚，本该如此；不然，我就够不上作他们的朋友，我只好辞职。

——《叶圣陶集》第 11 卷，第 129 页

朱永新解读：

这是叶圣陶先生在 1941 年写的文字，是从教师的角度谈如何与孩子交朋友的事情，对于父母们来说，也是同样值得认真研读的文字。父母，是孩子的第一任老师，父母，何尝不需要与孩子们交朋友呢？

无论是男孩还是女孩，是聪明还是笨拙，是干净还是肮脏，你都应该接纳他，欢喜他。既然是朋友，就是平等的，没有高低贵贱之分。既然是朋友，就要患难相济，互帮互学，彼此忠诚。

每个孩子都是天使，都值得我们用整个生命去爱他，呵护他。甚至，教师和父母只有努力使自己好好成长，才能够有资格成为孩子的朋友。

不要站在孩子的对立面

>> 你说你不愿听从在行的同事的话，举起教鞭或戒尺来打学生。你说你如果环境使然，非举起教鞭或戒尺来打学生不能耽下去的话，你宁愿卷铺盖走路。你这一个不愿，一个宁愿，我都极端赞同。这是准备认真当教师的人的起码条件。为什么说起码？因为像你这样，至少表示你并不跟学生对立。而教的一切施为，必须不跟学生对立才谈得上。你若一想到“制服”，一动手打，你跟学生就对立了，那时候，你的指导和训诲就蒙上了压迫者和侵略者的色彩，任你说的是金玉良言，对学生全无实益——他们凭什么要领受你的呢？你说宁愿卷铺盖走路，对，环境迫着你教你非照样做不可的时候，那就表明你不能在那个学校里当老师了，自宜一走了事。专任的薪水跟几斗尊师米虽然可恋，但做事得做成个样儿尤其要紧，不成个样儿勉强要做，是痛苦，也是罪恶。

——《叶圣陶集》第 11 卷，第 161 页

朱永新解读：

叶圣陶是不主张体罚孩子的，因为在他的心中，孩子、学生始终是排在第一位的。

从叶圣陶先生的时代一直到今天，“制服”孩子和学生似乎是许多老师和父母的共同“绝招”。他们认为，只有彻底把孩子和学生“制服”了，孩子和学生才能够真正开始“听话”，而他们也才能够开始实施真正的教育。

其实，这个立场一开始就错了。因为，当你想着要“制服”孩子和学生的时候，孩子和学生就已经是站在你对立面的“敌人”了。他们会处处提防着你，时时反抗着你，故意地与你不合作。教育，不是毫无感情地把知识和价值从一个脑袋装进另外一个脑袋，而是孩子与父母、学生与教师心灵的交流与沟通，如果你站在孩子和学生的对立面，教育还没有开始，就已经失败了。

所以，学会做孩子和学生的朋友，学会与他们站在一边，与他们融为一体，是做好教育的根本。

>> 我认为自己是与学生同样的人，我所过的是与学生同样的生活；凡希望学生去实践的，我自己一定实践；凡劝诫学生不要做的，我自己一定不做。譬如，我希望学生整洁，勤快，我一定把自己的仪容、服装、办事室、寝室弄得十分整洁，我处理各种公事私事一定做得十分勤快；我希望学生出言必信，待人以诚，我每说一句话一定算一句话，我对学生和同事一定掬诚相示，毫不掩饰；我劝诫学生不要抽烟卷，我一定不抽烟卷，决不说“你们抽不得，到了我们的年纪才不妨抽”的话；我劝诫学生不要破坏秩序，我一定不破坏秩序，决不做那营私结派摩擦倾轧的勾当。为什么要如此？无非实做两句老话，叫做“有诸己而后求诸人，无诸己而后非诸人”。必须“有诸己”“无诸己”，表示出愿望来，吐露出话语来，才有真气，才有力量；人家也易于受感动。如果不能“有诸己”“无诸己”，表示和吐露的时候，自己先就赧赧然了，哪里有什么真气？哪里还有力量？人家看穿了你的矛盾，至多报答你一个会心的微笑罢了，哪里会受你的感动？

——《叶圣陶集》第 11 卷，第 134 页

朱永新解读：

1941 年 8 月，在当年“教师节”的那天，叶圣陶先生写下来一篇《如果我当教师》的重要文章。文章全面论述了作为一个小学老师、中学老师、大学老师

的基本素质，以一个真实的“假设”展开了他对于教师的论述。如关于小学教师，叶圣陶就说：如果我当小学教师，决不将投到学校里来的儿童认作讨厌的家伙，令人心烦的小魔王，无论是干净的、肮脏的、聪明的、愚蠢的，我都要称他们为“小朋友”。

在讲到中学教师时，叶圣陶提出了做学生榜样的问题。我们知道，身教重于言教，是叶圣陶先生经常说的道理。其实，教育无非就是身教与言教两个方面。言教，是通过语言的作用，把做人的道理告诉学生，身教是以自己为榜样，把做人的道理告诉学生。言教如果与身教一致，学生就容易接受；反之，学生就会困惑，产生心理冲突。从教育的效果而言，身教的影响力更大。

>> 世界上有许多怀着理想的人被称为傻子，您对教育自有一套理想，很可能立刻取得傻子的徽号。但这是多么可爱多么不容易取得的徽号啊！

在清朝末年，大家感觉时局日非，那时候对教育抱理想的傻子似乎很多。他们认为教育是一切的根本，只要兴起教育来，政治、经济以及其他各部门都解决了。他们于是开办学校，三间两间破房子就是校舍，找不到同志就以一身兼教各种科目；物质报酬一点儿也没有，他们全不放在心上，宁愿卖了自己的衣服，当了太太的钗环过日子。就现在想起来，他们的方法也许很陈旧，他们的教材也许不见新鲜，可是他们的心是热切的，他们的信念是坚强的。如今四五十岁的人的心中，往往有一个幼年的老师永不能忘，非但永不能忘，而且自知着实受他们的益处——益处不定在各种知识方面，大部在精神上受着他们的熏陶。这班傻子留下这么些影响，他们也可以慰情瞑目了……从前那些傻子认为教育是一切的根本，如今办教育的人却相信教育不是根本，只配做政治、经济各部门的尾巴，既然是尾巴，因循将事，得过且过，也就可以了，何必苦干硬干，徒然消耗自己的生命力？这是他们的全部哲学。我没有接到您的详细开示，不知道您所怀的教育理想是什么；但是我想，您一定不同意于如今办教育的人的想法；同时，你与从前的傻子必将同中有异，异中有同，您将是个新的傻子。

——《叶圣陶集》第11卷，第168—169页

朱永新解读：

这是1944年3月7日，叶圣陶在回答一位老师的信时写下的文字。这位老师在艰难的时局下，在人们普遍“为生活叹气，为物价皱眉”的时候，提出回湖南老家办中学。叶圣陶坦诚地告诉这位老师，对于办学校而言，募集资金，寻找地皮，建设校舍等事情，虽然麻烦但不太困难。最困难的是“搭班子”，寻找具有共同理想的人，“许多老师同在一个学校里办教育，就如同唱一出具有永久价值的戏，班子搭不好，根本就没有唱好的希望”。[①]

由此，叶圣陶提到了所谓教育的“傻子”。在清朝末年的时候，的确有这样一群“傻子”，他们在教育救国思想的支配下，全身心投入教育，倾家荡产也在所不惜，无怨无悔。结果，他们没有救得了国家，却成就了许多年幼的孩子。现在，这样的教育“傻子”似乎越来越少了。但是，每个时代还都会有这样的人，他们怀揣教育理想，甘愿把自己的青春和智慧献给孩子们。孩子们因此得到恩惠，教育也因此精彩。

这种“傻子”精神是可贵的。对于年轻的老师来说，也应该从这种“傻子”精神中得到启示，应该努力去做一个不仅哺育孩子身体，同时滋养孩子精神，把身与心都献给孩子的“傻子”。

---

① 《叶圣陶集》（第11卷），第169页。

>> 儿童是最容易受影响的，小学教师要从各方面给他们好的影响，使他们往后升学或者就业都得到好处，一辈子立身处世都得到好处，这是多么重要的工作。受这么重大的信托，干这么重要的工作，只要是有志气的人，必然会从心底里透出一句肯定的话：小学教师确实值得干。

当小学教师可不容易，我在一九一二年开始当小学教师，当初以为教孩子们识字读书学算术，没有什么难。谁知道教了几天就觉得难。要他们真正领会我的讲解，难。要他们鼓起热情来答问题，做练习，难。还有揣摩他们的心理，捉摸各人的脾气，无一不难。那时候并没有人给我提示说“切莫在困难面前低头”，可是我总算不曾知难而退。随后我渐渐感到干这事业有些乐趣。全班孩子聚精会神地学功课，差不多连自身都忘了的时候，我乐。某几个孩子毫无拘束，跟我说些家里的情形或是所见所闻所想的时候，我乐。某个孩子回答问题，说得明白透彻，某个孩子练习演讲，讲得有条有理，某个孩子犯了过失，经我劝说，掉下了悔悟的眼泪，这些时候我都乐。我并不是说那时候我已经懂得孩子。老实说，懂得孩子是一门大学问，我至今还没有参透这门大学问，可是我确实不曾把小学教师这个岗位看作“鸡肋”，现在想来，大概就在其中有乐趣。

——《叶圣陶集》第11卷，第256—257页

朱永新解读：

当“孩子王”的困难和乐趣，对于教师和父母来说，是相同相通的。

当孩子又哭又闹，你不知道他为什么哭闹的时候，你肯定既苦恼又无奈。

当孩子缠着你讲故事，你腹中空空，无话可说的时候，你肯定还是既苦恼又无奈。

但是，只要你像叶圣陶先生那样不在困难面前低头，不是知难而退，而是努力知难而进，一定也能够达到他说的快乐的境界。

儿童是一个世界。这个世界的许多事物，对于今天的我们来说，仍然是一个谜。但是，也正是儿童的丰富性复杂性，充满着变化和不确定性，才是对我们的挑战。征服一个个困难，解开一个个迷津，才会让我们更加有成就感。你才会真正感觉到与孩子一起成长的快乐。这种快乐，是任何职业都无法给予的。

老师和父母们，做一个快乐的“孩子王”吧，跟着孩子重返童年，重新成长！

>> 人们常说“教学相长”。教孩子学习各种学科，最要紧的是教师自己熟习那些学科。所谓熟习，意思是不仅记住那些学科的内容，而要把那些内容消化了，随时随处都能拿出来运用。熟习是没有止境的，在教中可以学，向年长于我的同事学，向我所教的一班孩子学。怎么说向我所教的一班孩子学呢？他们天天在我面前上课游戏，做种种活动，只要我能随时留心随时想，这些个全是活生生的教材，随时在那里教我怎样懂得他们，怎样教他们。

除了一边教一边想办法，还要抽时间进修。有些教师不这么做，以为凭现有的一些知识和能力尽够对付了，以为当了教师，就可以只管“付出”，不必讲求“收入”了；结果往往会感到拮据，能“付出”的不够充裕，工作做不好，事业心也不免因而动摇。所以我要告诉准备走上小学教师岗位的青年人，在不断“付出”的岁月里，同时要源源不断地谋求“收入”——就是说要努力进修。“收入”越丰富，工作越能左右逢源。

——《叶圣陶集》第11卷，第257—258页

朱永新解读：

过去经常说，要教给学生“一杯水”，教师自己就应该有“一桶水”。

现在看来，教育远远不像倒水那么简单。学生不是一个死的杯子，任你倒水。倒猛了，一桶水可能在

杯子里也留不下多少；倒偏了，一桶水可能全部流到了杯子外面。

但有一条是肯定的：教育者应该努力走在学生的前面，应该不断学习，向自己的学生学习，向其他老师学习，向书本学习，在教中学，在学中教。如果只是“吃老本”，就会“坐吃山空”，就会“入不敷出”，就会“囊中羞涩”，用叶圣陶先生的话来说，就是能付出的不够充裕，工作就做不好，事业心也会因此而动摇。

教育是一个充满挑战的职业，只有不断自我得到锤炼与成长，教育他人时才会左右逢源，顺风顺水。如果只是拿着一张教育的旧船票，每天重复昨天的故事，那么一定无法满足学生的需求，无法胜任工作的要求。

独生子女政策，让绝大多数父母都只有一次教育子女的机会，和教育着、教育过成百上千孩子的老师相比，父母不仅相对而言欠缺教育理论，也缺乏教育经验，这样的情况下，父母更需要通过学习，掌握教育的客观规律，才能顺利培养出好孩子。

『自觉』与『外铄』

>> 教育事业原是教师做的，教师不能只等旁人来“觉我”，要靠自己觉悟。“自觉”和“外铄”，在旁人看来似乎没有区别，在实际上精神上却大异其趣。凡是人生的一切，从“外铄”得来的，虽言表名理，行合正谊，也不过是被动的；若是从“自觉”得来的，便灵心澈悟，即知即行。

——《叶圣陶集》第11卷，第20页

朱永新解读：

针对当时许多人批评教育的情况，叶圣陶先生也觉得很有道理，教育要变革，不能够那样“再因循下去”，因为那是对孩子有害无益的事情。他对于媒体书刊宣扬的新的机遇理念，如“教育者须修养”“立教育基础于人生观”“人格教育”等，持欢迎的太多。但是叶圣陶先生又认为，需要教师真正地“自觉”，自觉意识到需要不断提升自己的素养，需要端正自己的人生观价值观，需要对学生进行真正的人格教育。如果不是发自内心地认同这些理念，而是受媒体影响，或者按学校要求，心不在焉地做，无可奈何地做，也能够“言表名理，行合正谊”，中规中矩，但不会“灵心澈悟，即知即行”，无法取得好的效果。

>> 你自己正是当学生过来不久的人，教师对你怎样，你就对教师怎样，这在你心中一定有数。一个随时随地为你设想替你帮忙的教师，你肯故意跟他捣蛋吗？即使他偶尔回答不上一个问题，偶尔说错一两句话，你会就此瞧不起他吗？我相信，当教师的不必装作“万能博士”，也不必装作完全无过的“圣人”，这些虚伪的架子全无用处，只要你跟学生站在一边儿，不跟他们对立。你既然已经悟到了这起码的可是基本的一点，你的办法必然行得通，你可以做一个成个样儿的教师。你不用担忧，恐怕同事们诽笑你，说你讨学生的好，或者说你害怕学生。学生知能方面由你的努力而得长进，就是你做得不错的真凭实据……教育事业既是“为”学生的事业，在认定“学生第一”这一点上，他们总该受人尊敬。

——《叶圣陶集》第 11 卷，第 162—163 页

朱永新解读：

这是叶圣陶写给教师的信中的一段文字。这段文字很精彩，没有大道理，没有高调子，而是直抵问题的本质。教师与学生，在教育过程中是一个生命共同体，是彼此影响，彼此成就的。叶圣陶先生强调，教师不是万能的博士，也不是不会犯错的圣人。所以，教师不必在学生面前摆架子、装样子，不必盛气凌人，不必矫揉造作，而是尽可能做一个本色的、真诚的人。其实，学生也是有情有义的，你对他们的好，他们心

知肚明，他们感同身受，你为学生着想，学生就会为你着想，你对学生善意，学生就不会与你捣蛋。对于学生来说，你不要炫耀你的才华，也不要刻意地讨好，只要你真正地把他们放在心上，真正地把他们放在第一的位子，只要他们能够感觉到你和他们站在一起，能够从你身上得到教益，他们就会从内心尊重你，敬佩你，依靠你。

深切理解少年儿童

>> 从事教育工作必得严肃认真。我说的严肃认真不是板起脸来说教。最要紧的是深切地理解少年儿童，承认他们像植物一个样，是有生命的，是自己能够发展的，自己能够成长的。只要凭种种有效的方法促使他们很好的发展成长，那就是严肃认真。

——《叶圣陶集》第 9 卷，第 331 页

朱永新解读：

教师最重要的工作之一，就是认识儿童与理解儿童。也就是说，教师的儿童观，是从事教师工作最重要的基础之一。你如何认识儿童、理解儿童，你就会用什么样的方法去对待儿童。儿童是一个生命体，一个能够自我成长、自我发展的生命体，只要给它足够的阳光雨露，而不要更多的干预，就能够自主发展，健康成长。如果具有这样的儿童观，我们就不会板着面孔，就不要强制管束，就能够取得很好的教育成效。

教师要自觉觉人

>> 我有一种诚意，希望教师自觉觉人，一共奋发努力，高高地超出于水平线以上……我希望我们的教师因为要训练儿童说话，先自修养到善于说话，先自好好地做人。这步做到了，然后去训练儿童说话，则浸染也好，暗示也好，指导也好，总可使儿童得到实益。于是这些儿童不比过去的儿童了，教育的里面就可谓比较的充实了。

——《叶圣陶集》第13卷，第24—25页

朱永新解读：

叶圣陶先生是在讲如何训练学生说话的时候，写下的这段文字。听说读写，本来应该说是一个人语文修养不可或缺的四种基本能力。但是，由于说话一般不作为考试内容，因此大部分学校不会投入精力来做这些事情，大部分老师也不太关注这件事情。其实，教学生说话，与教学生其他方面的问题一样，首先要依靠教师的“自觉”，“自觉”才能“觉人”。老师自觉要善于说话，才能很好地训练学生说话。

>> 无论当小学或大学的教师，我要时时记着，在我面前的学生都是准备参加建国事业的人。建国事业有大有小，但样样都是必需的；在必需这个条件上，大事业小事业彼此平等。而要建国成功，必须参加各种事业的人个个够格，真个能够干他的事业。

——《叶圣陶集》第11卷，第140页

朱永新解读：

每个孩子都是一个独特的世界。每个学生都是要走向社会，参加国家建设的人。每个人都要从事不同的岗位，每个岗位都有其独特的作用。既有管理国家事务的领袖人物，也有清洁城市的环卫工人；既有在工厂流水线上作业的工人，也有在农村田野里劳作的农民。他们的工作本身只是分工的不同，没有高低贵贱之分。他们都需要基本的品质，那就是社会主义的核心价值观，那就是不断向上的能量、认真负责的态度。所以，平等地对待每个学生，是教师的基本立场。

我希望师范生都为教师

>> 我希望师范生都为教师，为学校里的太阳，代替以前昏暗不明的爝火。这使我们有一种骄傲，得以向人家说，“我们不但有教师，而且有好的胜任的教师了！”于是乎这件烦难的工作，就是要一条街上的各个人见解明白一点，知能提高一点，至少升到跟水平线相齐，有成功的希望了。
>
> ——《叶圣陶集》第 11 卷，第 46—47 页

朱永新解读：

叶圣陶对于教师问题非常重视。教师出身的他，在自己的文集中，有许多关于教师的文章。在为教师的待遇鼓与呼的同时，他也对教师自身的素养提出了许多要求。他希望每个教师都能够发光发热，成为学校里的“太阳”，而不是“昏暗不明的爝火”。这里的“爝火”，出自《庄子·逍遥游》：“日月出矣，而爝火不息；其于光也，不亦难乎！”也就是说，他希望教师要尽可能让自己明亮起来，要努力达到跟“水平线”相齐的水平。如果每个人都努力一点，水平线也就不断上升了，每个人就会成为照亮孩子们前行的太阳了。

>> 如果大家把教师修养的问题丢在脑后，教育的前途实在有很大的危险……

至于使教师真能讲究修养的有效方法，我也说不出来。我觉得最低的要求是“一言一行，都没有消极的倾向，一饮一啄，都要有正当的意义”……一线的光明尚在师范学校。我愿师范学校好自珍重，容纳我这里所说的一些意思。师范学校能于学生修养上特别注意，说得低一点，也可以造就水平线以上的教师。而事实证明不止于此，现在有点成就的青年教育家，大部分是从好的师范学校里出来的。所以我虽是怅惘，却还存着一些乐观，只希望师范学校多多流出清水来，把旧时的浊水冲去，于是我们就有一池清水了。

——《叶圣陶集》第 11 卷，第 60—61 页

朱永新解读：

在《教师问题》中，叶圣陶已经讲过，教师要努力成长，“至少升到跟水平线相齐”的程度。这里，在讨论教师修养的时候，他又进一步要求“造就水平线以上的教师”。叶圣陶认为，教师的修养是一个非常重要的问题，因为教师的修养决定着教育的品质。如果大家都把教师的修养丢在脑后，教育的前途就会面临很大危险。教师的修养，关键就是自己的言行举止要成为学生的模范，充满正能量。用叶圣陶先生的话来说，就是“一言一行，都没有消极的倾向，一饮一啄，都要有正当的意义”。所以，叶圣陶先生对办好师范教

育寄予很大厚望，因为他注意到，那些优秀的青年教师，都是从那些好的师范学校里培养出来的。所以，要下决心办好师范学校，让我们的师范学校“多多流出清水来，把旧时的浊水冲去”，这样，我们的教师队伍，我们的整个教育，也就有了“一池清水”了。

忘记自己是教师

>> 要使儿童经常有求知识的动机，须要根据他们的本能、欲望和兴趣，想方法来引导他们的本能，顺应他的欲望，扩充他们的兴趣。教育者要尽这许多义务，仿佛戏台上值场面的人，把种种事物都安置妥当，但是怎样表演怎样说白，还要让演员自己去做……如果能给儿童布置个极其适当的环境，自己却忘记了自己是教师，而且使儿童也忘记了我是个教师，只觉得我是他们的环境之中的一个同情的互助的伴侣，这才是今后需要的教育者。儿童和教师生活在一个环境里，彼此是同情的互助的，那么学校便是社会，学校生活便是社会生活。

——《叶圣陶集》第 11 卷，第 41 页

朱永新解读：

是教师，但忘记自己是教师；是教师，但学生不把你当教师。这就是叶圣陶对教师的要求。既然不要让学生觉得自己是老师，那么什么才是教师最合适的角色定位呢？叶圣陶的建议是成为“他们的环境之中的一个同情的互助的伴侣”，也就是说，应该成为学生生活中学习中的一个伙伴，一个具有同情心、能够互相帮助的伙伴。伙伴的本质是平等，不是居高临下的指导，而是彼此平等的交流，互学互鉴、相互帮助的朋友。所以，顺应学生的个性，尽可能满足他们发展的需求，成为学生心心相印的伴侣，应该是每位老师努力的方向。

教师必须以身作则

>> 唯有教书的话跟他的实际生活完全一致，不但像通常所说的“说得到做得到”，而且要做得到才说，情形就大不相同。那时候学生非常信服，愿意照着教师的话积极地实行，因此面前的教师就是光辉的榜样，他们觉得跟着教师走是顶大的快乐。我国古来有所谓“身教”，就是说教师教学生不能光靠语言，还得以身作则，真正的教育作用在语言跟实际生活的一致上。这样看来，教师必须以身作则，小学生守则才能有效地实施。

——《叶圣陶集》第 11 卷，第 202 页

朱永新解读：

教师必须以身作则，这是叶圣陶斩钉截铁、毫不含糊的结论。他这篇文章的标题就是《教师必须以身作则》，这也是中国教育文化的优良传统。孔子早就说过：其身正，不令而行，其身不正，虽令不从。对于教师来说，榜样的力量是非常重要的，如果教师不仅仅是“说得到做得到”，而且是“做得到才说”，学生就会信服，就会尊敬，就会把教师作为自己的人生榜样，就会觉得“跟着教师走是顶大的快乐”。所以，教师不能够说他们自己也不相信的话，做他们自己也反对的事。而应该成为表里一致、知行合一、以身作则的人。

最重要的是『身教』

>> 让青年自己动手动脑筋，料理个人生活吧。只给他们做点儿准备帮点儿忙，不要超过这个限度吧。

给他们做点儿准备帮点儿忙，最重要的该是“身教”。这就是说，教育青年帮助青年的人自己要善于料理个人生活。凡是带点儿教育意味的事都一样：自己做不到的，别叫人家做，自己教人家，要想收到效果，就得自己做出榜样来。如果团组织的干部全都严格要求自己，做到善于料理个人生活，那就是开风气，立榜样，对青年是最有效的准备和帮忙。

——《叶圣陶集》第 11 卷，第 231 页

朱永新解读：

这是叶圣陶先生对共青团干部说的话，当然也是对老师们和父母们说的话。这是一个古老的教育原理，也是从事教育的基本规律。师范师范，学高为师，身正为范。教师、父母、领导干部，凡是要教育人、影响人的人，如果言行不一，没有自己的模范作用，无疑是不可能有任何成效的。叶圣陶先生提出，应该让青年自己动手动脑筋，料理个人生活，“只给他们做点儿准备帮点儿忙，不要超过这个限度”。其实，在家庭里，学校里，也是如此，父母和教师，更重要的是做好榜样，让孩子模仿学习，不要越俎代庖，什么事情都包办代替。

教育者决不该和学生对立

>> 教育者决不该和学生对立，一对立就没有教育可言。现在大家在那里倡导，各色各样的人在民族解放的大目标之下联合起来。教育者跟学生，论关系是再密切没有了，论情谊又不亚于家人父子，应该最先联合起来。不幸事实上并非如此，双方往往形成对立的形势，不是消极地甲方不管乙方，就是积极地甲方压迫乙方。学生除了读书而外，还管一点儿旁的事，使教育者增加许多麻烦，如军警来搜查学校之类，原是有的。但是教育者不能为了怕麻烦，不问是非曲直，也跟学生对立起来，只想把自己认为引起麻烦的学生推出去了事。

——《叶圣陶集》第11卷，第98—99页

朱永新解读：

好关系才有好教育。所以，叶圣陶先生强调，“教育者决不该和学生对立，一对立就没有教育可言”，一旦父母、教师和孩子、学生关系紧张，发生对立，真正的教育就不可能发生。中国古人讲，亲其师，信其道。也就是说，只有学生和教师的关系亲近了，学生才能相信教师传授的道理。这也是讲情与理的关系，没有情感的沟通与融洽，就没有知识的接受与理解。叶圣陶希望，教育者应该永远站在学生这一边，帮助他们解决各种各样的问题，克服各种各样的困难，而不是和其他的力量站在一起，来对付学生，与学生对立。因为，只有如此，才是教师、父母等教育者的正道。

乐育全新一代人

>> 找到根源古有云，愤悱启发最精纯。揠苗刻板都抛却，乐育全新一代人。

——《叶圣陶集》第8卷，第460页

朱永新解读：

这是叶圣陶先生向老师们祝贺新年的一首诗词，其实也是对老师们提出的希望和要求。他希望老师们要有追根溯源、刨根问底的求知精神，不愤不启、不悱不发的启发式教学的艺术，要避免揠苗助长的教育，抛弃刻板印象的成见，享受教育的生活，全身心地培育一代新人。

做学生的学生

>>“只有做群众的学生才能做群众的先生。”毛泽东同志这句话是就文艺工作而言，可是同样适用于教育工作。

活用这句话的精神，就教育工作来说，就是“只有做学生的学生才能做学生的先生”。

……无论学什么，光凭书本上说的总还嫌不够，最好有直观的凭证，实践的历练。譬如教育学的书本上说，硬灌式的教学方法不好，启发式的教学方法好，你要认识得真切，可以在教你的学生的时候作检验。检验一阵之后，你就更进一步，笃信启发式确乎好，必须终身以之。在这样情形之下，你的学生在受到实益的同时还帮助了你，他们不是也可以算得上你的先生吗？

——《叶圣陶集》第11卷，第361—362页

朱永新解读：

“只有做学生的学生才能做学生的先生。”叶圣陶先生的这句话语重心长，虽然是从毛泽东“只有做群众的学生才能做群众的先生”这句话演绎而来，但确实是教育的真谛。蒙台梭利曾经说，儿童是成人之父，其实也是这个道理。尤其是我们进入了一个“后喻时代”，学生们掌握的信息与知识，完全可能在某些方面超过了父母与老师。我们要以一已之力与所有孩子的学识相抗衡，只能是堂吉诃德与风车的较量了。况且，教师、父母的许多工作，是需要学生与孩子们的配合才能取得成效的，工作的绩效也是需要在他们的身上

得到检验的。在一定意义上，教育活动和教育成果都是教育者和受教育者共同创造的，离开了任何一方都无法进行。所以，教育者首先要受教育，要有虚心学习的精神，才能真正做好教育工作。

尽力取得学生的敬重

>> 我无法教学生一定要敬重我，因为敬重不敬重在学生方面而不在我的方面；可是我总得在课程方面同时也在行为方面，尽力取得他们的敬重，因为我是他们的教师。取得他们的敬重，并不为满足我的虚荣心，只因为如此才证明我对课程同时对那个总的目标负了责。

——《叶圣陶集》第11卷，第140页

朱永新解读：

我曾经提出过教师应该有四重境界。第一重境界，做一个让学生瞧得起的教师。第二重境界，做一个让自己心安的教师。第三重境界，做一个让学校骄傲的教师。第四重境界，做一个让历史铭记的教师。叶圣陶先生这里其实说的是第一重境界，让学生敬重你，瞧得起你。这样子，不是为了满足教师的虚荣心，维护教师的体面，其实说的是教育的可能。也就是说，如果连学生都瞧不起你，不敬重你，你的教育是无法开启的，你是根本无法胜任自己的工作的。一个负责任的教师，一定要记住这一点。

教师须经常为学生设想

>> 敬旭同志：

接读惠书，欣愉殊深。于出题目大费心思，诸题皆能深入学生心中，学生据以练习，成绩想有可观。我尝谓为教师者只须多动脑筋，经常为当前之学生设想，必能自致善法，予学生以切实之助益。

——《叶圣陶集》第 25 卷，第 11 页

朱永新解读：

叶圣陶先生在世时，给一线老师写过 200 多封信。先生去世以后，叶至善应开明出版社之约，编辑出版了《叶圣陶答教师的 100 封信》，其中就有这封给陈敬旭老师的信。这封信讲到了教师的初心使命，其实就是设身处地多为学生着想，只要用心，多动脑筋，总能找到帮助学生成长的“善法”。这其实就是讲到了职业认同与专业发展的关系。现在我们往往关心“战术”，关心教学的技巧和方法，这当然重要。但是更重要的是“战略”，是职业认同，是对教育的理解和对学生的热爱，这是教育的出发点。

正面教育

>> 所谓正面教育，我的简单想法，就是切切实实培养学生的良好习惯（包括生活习惯与学习习惯）。光是说给学生听，不能算数。学生听了，懂了，还不能算数。必须使学生成为习惯，永远照老师所教的做，才算真收到了教育的效果。至于适当的惩罚，只能作为正面教育的辅助，不能算是正面教育。

班主任如果能与学生共同生活，我想，该是很有意义的事。道理很简单，教师（不仅是班主任）与学生越接近越好。

——《叶圣陶集》第 25 卷，第 16 页

朱永新解读：

正面教育，在学院派的教育学中有许多解释，主要指对学生尽可能采取表扬、鼓励的方法和途径。叶圣陶先生对此有了新的阐释和发挥，把它引申到培养习惯的方面。他认为，教育不仅仅是让学生听懂弄通，更重要的是能够养成良好习惯，能够“永远照老师所教的做”。叶圣陶先生没有把惩罚作为正面教育的反向，而是作为一种补充、一种辅助。另外，叶圣陶先生特别强调师生共同生活，他认为这也是正面教育的题中应有之义。

时刻把少年儿童挂在心间

>> 给少年儿童写东西，中小学教师最为适宜，因为他们干的是教育少年儿童的工作，又最熟悉少年儿童的生活……如果有志于儿童文学创作，最好不要离开教师这个岗位，理由大家都知道，不须我多说；即使不得已非离开不可，也要时时刻刻把少年儿童教育放在心间，并且不要放过任何一个接近少年儿童，跟他们共同生活的机会。

——《叶圣陶集》第9卷，第330页

朱永新解读：

叶圣陶先生是著名的教育家，也是著名的儿童文学作家。他就是在教育的田野里开始写作的，他的《稻草人》《倪焕之》等儿童文学作品和教育小说，大多是他在角直的乡村学校教书时撰写的，如果没有当年丰富的教育实践，他也许很难写出那么脍炙人口的儿童文学。所以，这是叶圣陶的经验之谈，也是他的肺腑之言。他希望，如果有志于儿童文学创作，最好不要离开教师这个岗位。即使不得已而离开，也要“时时刻刻把少年儿童教育放在心间，并且不要放过任何一个接近少年儿童，跟他们共同生活的机会”。在叶圣陶的时代，作家往往有自己的职业，现在作家开始专业化了，好处是有充分的时间，缺点就是开始远离生活。所以，记住叶圣陶的教导还是很有必要的。尤其是那些生活在校园里的作家，如何处理好教学与写作的关系，也是需要注意的问题。

不打顽皮的小朋友

>> 小朋友顽皮的时候，或者做功课显得很愚笨的时候，我决不举起手来，在他们的身上打一下……然而这一下不只是打了他们的身体，同时也打了他们的自尊心；身体上的痛或红肿，固然不久就会消失，而自尊心所受的损伤，却是永远不会磨灭的。我有什么权利损伤他们的自尊心呢？并且，当我打他们的时候，我的面目一定显得很难看，我的举动一定显得很粗暴，如果有一面镜子在前面，也许自己看了也会嫌得可厌。我是一个好好的人，又怎么能对着他们有这种可厌的表现呢？一有这种可厌的表现，以前的努力不是根本白费了吗？以后的努力不将不产生效果吗？这样想的时候，我的手再也举不起来了。

——《叶圣陶集》第 11 卷，第 131—132 页

朱永新解读：

我曾经说过一句话：体罚近乎无能。我还把它作为“朱永新九大教育定律”之一。这是基于我对包括叶圣陶在内的许多中外教育家的教育观点的学习和理解。为什么叶圣陶不主张体罚呢？因为他清晰地认识到，体罚会伤害孩子们的自尊心。皮肉之苦也许很快可以恢复，心灵伤害，可能永远无法愈合。如何让自己不要产生体罚孩子的念头呢？叶圣陶出了一个主意，那就是不妨在愤怒的时候，在想打孩子的时候，在镜子面前看看自己那张面目狰狞的愤怒的脸，这样的脸，恐怕是连自己都会感到厌恶、恐怖的。如此，你还会举起你的手打孩子吗？

第四章

教是为了不需要教——教学方法论

导语

因为教育的力量，人类可以不断超越自己。老师不是天生的教育家，教科书也只是一些纲要，教育经验和理念需要在实践中验证和发展。教，是为了达到不教，教育就是要培养习惯。习惯养成从最初开始，要一切以学生为本位，让他们养成自己学习的习惯，使他们学会学习，享受学习的快乐。学习不只是记诵，也不是为了分数，关键是在实践中去辨析和历练。教师的主要作用在引导，要精讲多练，这样，学生离开学校走上社会后，才有能力养成自我教育的习惯，从而为充实生活而终身修习。

>> 我想“教育”这个词儿，往精深的方面说，一些专家可以写成巨大的著作，可是就粗浅方面说，“养成好习惯”一句话也就说明了它的含义。无论怎样好的行为，如果只表演一两回，而不能终身以之，那是扮戏；无论怎样有价值的知识，如果只挂在口头说说，而不能彻底消化，举一反三，那是语言的游戏；都必须化为习惯，才可以一辈子受用。养成小朋友的好习惯，我将从最细微最切近的事物入手；但硬是要养成，决不马虎了事。譬如门窗的开关，我要教他们轻轻的，“砰”的一声固然要不得，足以扰动人家心思的“咿呀”声也不宜发出；直到他们随时随地开关门窗总是轻轻的，才认为一种好习惯养成了。

——《叶圣陶集》第 11 卷，第 129—130 页

朱永新解读：

教育就是培养习惯。这是叶圣陶教育思想最重要的、最贴近生活的观点之一。新教育实验主张教给学生一生有用的东西，这个东西，其实就是习惯。

所以，叶圣陶先生主张，智育，就是帮助学生养成阅读、思考的习惯；德育，就是帮助学生养成乐群助人、善良待人的习惯；体育，就是帮助学生养成锻炼、保健的习惯；等等。行为习惯的养成，不能够纸上谈兵，需要不断实践，不断操练。

有人说过，播种一种行为，收获一种习惯；播种

一种习惯，收获一种性格；播种一种性格，收获一种命运。所以，教育最重要的事情，就是让孩子在不断的探索中真正找到自我，养成良好的习惯。

不要养成『不养成什么习惯的习惯』

>> 哪两种习惯养成不得？一种是不养成什么习惯的习惯，又一种是妨害他人的习惯。

什么叫做不养成什么习惯的习惯？举例来说，容易明白。坐要端正，站要挺直，每天要洗脸漱口，每事要有头有尾，这些都是一个人的起码习惯，有了这些习惯，身体与精神就能保持起码的健康。但是这些习惯不是一会儿就会有的，也得逐渐养成。在没有养成的时候，多少要用一些强制功夫，自己随时警觉，坐硬是要端正，站硬是要挺直，每天硬是要洗脸漱口，每事硬是要有头有尾。直到“习惯成自然”，不待强制与警觉，也能行所无事的做去，这些就是终身受用的习惯了。如果在先没有强制与警觉，今天东，明天西，今天这样，明天那样，那就什么习惯也养不成。而这今天东，明天西，今天这样，明天那样，倒反而成为一种习惯，牢牢地在身上生根了。这种习惯就是“不养成什么习惯的习惯”，最要不得。为什么最要不得？只消一句话回答：这种习惯是与其他种种习惯冲突的，养成了这种习惯，其他习惯就很少有养成的希望了。

——《叶圣陶集》第 12 卷，第 317—318 页

朱永新解读：

叶圣陶先生是把养成好习惯作为教育的根本目标的。他一再说，习惯成自然，在学校里的根本任务，就在养成习惯，增强能力。离开学校以后，自我教育

的任务，仍然是养成习惯，增强能力。

与好习惯相对应的是坏习惯。叶圣陶先生特别强调，有两种习惯不能够形成，其中之一就是“不养成什么习惯的习惯”。这句话听起来有些拗口，其实就是没有好习惯的坏习惯，是指没有自我约束、自我警醒的行为动力定型，随波逐流，无所用心。

其实，人的行为是受习惯支配的，好习惯没有形成，坏习惯就会乘虚而入。所以，教师和父母们应该知道，防止孩子形成坏习惯的最有效的方法，就是帮助他养成好的习惯。

>> 什么叫做妨害他人的习惯？也可以举例来说。走进一间屋子，砰的一声把门推开，喉间一口痰涌上来了，扑的一声吐在地上，这些都是好像是无关紧要的事，但是很关紧要，因为这些习惯都将妨害他人。屋子里若有人在那里作事看书，他们的心思正集中，被你砰的一声，他们的心思扰乱了，这是受了你的影响。你的痰里倘若有些传染病菌，扑的一声吐在地上，这些病菌就有传染给张三或李四的可能，他们因而害起病来，这是受了你的影响。所以这种习惯是“妨害他人的习惯”，最要不得。在“习惯成自然”之后，砰的一声与扑的一声将会行所无事，也就是说，妨害他人将会行所无事。一个人如果明了自己与他人的密切关系，不愿意妨害他人，给他人不好的影响，就该随时强制，随时警觉，不要养成妨害他人的习惯。不问屋子里有没有人，你推门进去总是轻轻的。不问你的痰里有没有传染病菌，你总是把它吐在手绢或纸片上，这样“习惯成自然”，你就在推门与吐痰两件事上不致妨害他人了。推广开来说，凡是为非作歹的人，他们为非作歹的原因固然有许多，也可以用一句话来包括，他们的病根在养成了妨害他人的习惯。他们不明了自己与他人的密切关系，他们不懂得爱护他人，一切习惯偏向妨害他人的方面，他们就成了恶人。……今后的世界上尤其不容许他们立足。谁要立足在今后的世界上，谁就得深切记住，不要养成妨害他人的习惯。

——《叶圣陶集》第 12 卷，第 318 页

朱永新解读：

人是社会关系的产物，也是一种社会性动物。人的幸福感，在一定程度上，取决于他是否受到别人的理解、尊重和爱戴。

处理人际关系的一个重要原则，就是不要妨碍别人，不要轻易打扰别人，不要做别人讨厌的事情，不要影响别人的正常生活。

所以，教师和父母们应该注意，让孩子知道，在公共场合，应该遵守公共秩序，排队时不要插队，讲话时细声轻语，等等。父母是孩子的老师，尤其是生活的老师，不妨害别人的习惯，首先需要父母做给孩子看。孩子在观察中自然会模仿，学习，从而养成好的习惯。

学习不是为了记诵

>> 要知道现代的学习决不是记诵之学所能了事；记诵之学，好一些可以造就门门都是甲等的“优等生”，坏一些就造就品德有亏的“作弊专家”，可是决不能造就生活充实的国民；而现在这个时期，正在开始建国大业，需要生活充实的国民比任何时候都迫切。从事教育的人如果没有这一点认识，一切劳力都是白费。

受教育的学生也该认识这一点，记诵不过是开端，跟着就得把记诵的那些东西融化在生活里，成为精神上的血肉。否则，成绩虽好，只是分数单上好看，于自己并无实益；成绩不好，勉强要他好，至于运用作弊技巧，更是极度的自暴自弃。

——《叶圣陶集》第12卷，第183页

朱永新解读：

这是叶圣陶先生1943年写的文章，写作的背景是当时考试作弊成风。叶圣陶先生说，其实有学校，就有作弊，自古如此。作弊虽然与学生有关，是学生投机取巧的心态在作怪，但这“不是学生自己的不是，乃是历来整个教育方法所造成的结果”[1]。如果我们的考试题目，就是让学生简单记诵一些死的知识，学生当然只好去死记硬背，或者干脆作弊偷看。

叶圣陶几十年前的文章仍然没有过时。“上课记笔记，考试背笔记，考后全忘记”仍然是我们许多学

① 《叶圣陶集》(第12卷)，第182页。

校的现状。所以，仍然需要大声疾呼改革我们的教学方法。

但是，作为教师，我们更重要的是帮助学生真正认识到：学习的意义是把知识用到我们的生活中去，而不是简单装进我们的脑袋里。家中衣柜里的衣服再多，如果不穿，或者想穿时无法找到，也是没有意义的。

教是为了不需要教

>> 我想，教任何功课，最终目的都在于达到不需要教。假如学生进入这样一种境界：能够自己去探索，自己去辨析，自己去历练，从而获得正确的知识和熟练的能力，岂不是就不需要教了吗？而学生所以要学要练，就为要进入这样的境界。给指点，给讲说，却随时准备少指点，少讲说，最后做到不指点，不讲说。这好比牵着孩子的手教他学走路，却随时准备放手。我想，在这上头，教者可以下好多功夫。

——《叶圣陶集》第 11 卷，第 263 页

朱永新解读：

教，是为了不教。这是叶圣陶教育思想的精髓之一。为什么教是为了不教？因为孩子终究是要离开父母，离开老师，离开学校的；因为孩子终究是要自己面对这个世界，独立地处理许多事务和问题的。所以，教，只是用一个例子说话，用一个问题当做靶子。《学记》里讲举一反三，也是说的这个道理。

所以，无论是在学校还是在家庭，关键是让孩子自己学会学习，去探索，去辨析，去历练。能让孩子自己去做的事情，就放手让他们自己去做。许多父母往往还嫌学校老师的力量不够，请许多家教老师，把学生的时间和空间全部填满，其实是害了孩子。

自学的人就能够自强不息

>> 一辈子坚持自学的人也就是一辈子自强不息的人。不难想象，这样的人不断增多，社会和国家将达到何等繁荣昌盛的境界。

因此，教师特别致力于引导学生善于自学，绝不是越出了教师的职责，绝不致贬低了教师的尊严。正相反，我以为唯有能这样做的教师才够得上称为名副其实的教育家。

——《叶圣陶集》第 11 卷，第 351 页

朱永新解读：

平庸的教师与优秀的教育家的差别在哪里？平庸的父母与优秀的父母差距在哪里？能不能培养孩子的自学精神与自学能力是一条分水岭。

自学为什么很重要？因为孩子终究是要离开父母、离开学校的。许多所谓优秀的学生，在学校里似乎是很“优秀”，各门功课都是满分。但他们是为了外在的肯定而学的，是跟着老师父母的脚步亦步亦趋的。所以，当没有作业的时候，没有外在的指令的时候，他们就不知道做什么，不知道怎么办了。

教师和父母们请记住：自强不息，就是不断学习，不断挑战自我。这些，要从自学开始。

习惯养成从最初开始

>> 养成习惯不容易，习惯养成了要更改尤其难，所以在最初必须注意，要使孩子们养成好习惯。也举个浅显的例子来说，在孩子们识字之初，就注意养成他们辨认笔画和咀嚼字义的习惯，他们笔下就不会有很多错别字。现在大家看到学生笔下错别字很多，感到头痛，想方设法消灭错别字，老是消灭不了。原因何在呢？我说，原因就在于开始不曾注意使他们养成辨认笔画和咀嚼字义的好的习惯，他们就自然而然养成了忽略笔画和字义的不好的习惯。不好的习惯也是习惯，既已养成，要更改就不容易了。跟其他习惯比较起来，字写得错不错不算太重要，譬如待人接物，就比较重要。务必使孩子们养成好的习惯，而且要一开始就注意，我看也是教师终身的座右铭。

——《叶圣陶集》第 11 卷，第 259 页

朱永新解读：

万事开头难，开头就不难。叶圣陶先生对于习惯养成非常重视，他非常敏锐地发现，教育就是培养习惯的过程。爱因斯坦也曾经说过类似的话，他在解答什么是教育的问题时说，教育就是把学校教的所有的知识全部忘记以后剩下来的东西。我想，这个东西应该就是习惯。

叶圣陶先生告诉我们，养成一个好习惯，比改正一个坏习惯要容易得多。这就是说，与其等孩子们形成不良的坏习惯后再去纠正，还不如在坏习惯没有形

成之时，先用好习惯占领之。

例如随地吐痰，一开始就让孩子随时准备小手帕或者卫生纸，吐痰时或者进痰盂，或者用卫生纸包着，再丢进垃圾箱。形成了动力定型以后，就不会再随地吐痰了。

再如高声喧哗，一开始就提醒孩子，任何时候在公共场所与别人交流时，不可目无旁人大声讲话，而应该轻声细语，不影响别人。久而久之，就养成了轻轻说话的习惯。

记得有一位诺贝尔奖获得者曾经说过，他一生中最重要的东西是幼儿园老师教的，那就是像前面提到的这些好习惯。所以，教师和父母们不妨给孩子列一个好习惯清单，一项一项地培养，落到实处。

学生不是空瓶子

>> 一个空瓶子，里边没有什么东西。把什么东西装进去，就不是空瓶子了。装得满满的，就是实瓶子了。

不知道从什么时候起，我们爱把受教育的人看成瓶子。瓶子里短少些什么，就给装进些什么。譬如，发觉思想政治教育不够好，立刻想到恢复政治课，发觉学生的劳动观点不怎么强，他们不怎么热爱劳动，立刻想到在语文课里补充些“劳动教材”（有关劳动模范、先进生产者之类的文章）。这样做法，目的很明显，愿望很单纯。把政治课装进瓶子，思想政治教育就见成效了；把“劳动教材”装进瓶子，学生就加强劳动观点，热爱劳动了。

仔细想想，恐怕并不是这么回事。

……

瓶子是装东西的，当然不会独立思考。我们且不要责备学生不怎么善于独立思考，先得反省反省，我们的“瓶子观点”是不是学生不怎么善于独立思考的原因之一。

瓶子是装东西的，东西装在瓶子里，东西自东西，瓶子自瓶子，不起什么混合作用或是化合作用。两种作用都不起，还有什么旁的作用呢？于是巴望起作用的愿望落空。

——《叶圣陶集》第11卷，第234—235页

朱永新解读：

我们学教育的时候，老师曾经说，要教给学生一杯水，教师就要有一桶水。这是鼓励我们要努力学习，用知识武装自己。

现在看来，这个比喻还是有点问题的，因为，学生不是杯子，也不是瓶子。水装得再多，杯子是杯子，瓶子是瓶子，水还是水。叶圣陶先生说，如果我们的教育不能够真正融化在学生的思想、感情、行动里，真正的教育就没有发生，没有开始。

问题在于，我们许多教育部门的思维方式仍然是这样的“瓶子观点”，认为学生缺少什么，就在教学计划、大纲、教材、课程里面加什么，军事国防、计划生育、环境资源、心理健康……越加越多，把孩子们的时间空间全部填满了，就像把瓶子的水加满了一样，其实是做无用功。

叶圣陶先生说，知识学问不是装饰品，而是为了充实我们的生活，充实我们的人生。把学到的东西化为我们自身的东西，能够“躬行实践”，才是最关紧要的。

>> “教是为了达到不需要教”。我觉得这样表达比较明白。是不是不教了，学生就学成了呢？非也。不教是因为学生能够自己学习了，不再需要老师教了。不要说小学毕业就学完了，中学毕业也没有学完，大学毕业考上了研究生，也不能算毕业。世界上的事情是学不完的，无论是谁，都要学习一辈子。咱们当教师的要引导他们，使他们能够自己学，自己学一辈子，一直学到老。世界的变化快得没法说。我们讲中国历史，唐朝宋朝有变化，明朝清朝有变化，清末到现在这一百年间，变化之快，跟以前相比恐怕难以用数字来说明。再看全世界，战后这三十多年的变化多么大，近几年的变化多么大！一个人到某一阶段也非变不可，如果到此为止，停步不前，就是落后——不进则退。达到不需要教，就是要教给学生自己学习的本领，让他们自己学习一辈子。

——《叶圣陶集》第 11 卷，第 356 页

朱永新解读：

这是叶圣陶先生 1983 年 8 月 6 日在民进外地来京参观教师茶话会上的部分讲话内容。当时，叶老耳朵已经不太好，但是做过 10 年教师，又担任着民进中央副主席（次年，他接替周建人担任主席）的他，对教师有着特殊的感情，还是坚持与老师们见面，并且讲了一番语重心长的话。

叶圣陶先生对民进的老师们寄予厚望，希望他们

能够成为学而不倦的模范，教给学生自己学习的本领。

我想，教是为了不教也好，学习是一辈子的事情也罢，都不仅仅是针对教师的，也是针对孩子们和父母们的。只有不断地学习，才能够不断地成长，学生是如此，教师是如此，父母也是如此。所以，要想让孩子不断进步，不断成长，教师和父母本身也需要同样的努力。

学习不可以速成

>> 过于心急的学习实在并不是学习。“百日通”“速成科”只能欺骗热切的希望，决不能从这些上得到真实的益处。纷纷购读《日语百日通》的人到一百天之后一定失望，他们那说不出口来的动机还是没法安顿。即使动机绝对纯正，然而距离“知己知彼”也还很远很远。我们不妨再说一遍：语言文字不只是一种知识；必须随时学习，随时应用，渐渐成为生活中的习惯，才真能够“通”。

——《叶圣陶集》第12卷，第78页

朱永新解读：

在叶圣陶的时代，就有所谓的《英语百日通》《日语百日通》这样的畅销书，迎合了许多人希望用最少的时间和精力去学会一种并不简单的语言文字的急功近利的心理。其实，这个希望是永远不会实现的。

不仅是外语学习，其他学习一般也不可能速成。叶圣陶还举了写作的例子。他说，许多人想了解文学有没有什么捷径，什么“扼要的方法”，以为只要记住一些口诀就可以写出好文章，也是骗人的把戏，如果让真正的文学家精细地剖析自己，也“未必就说得出什么是自己成为文学家的秘诀，因为他根本就没有秘诀，他的文学作品只是种种生活经验的乘积”[①]。如果不在生活经验上下功夫，不可能跟文学真正有缘。

亲爱的教师和父母们，让孩子老老实实下功夫，老老实实做学问，才是学习的根本之道。

---

① 《叶圣陶集》（第12卷），第78页。

养成自己学习的习惯

>> 对于一个中学生来说，有两种习惯是必须养成的。哪两种习惯呢？一是自己学习的习惯，一是随时阅读的习惯。无论什么事物，必得待教师讲授过了才去关心，教师没有讲授过的，即使摆在眼前也给它个不理睬，这种纯粹被动的学习态度是万万要不得的。你们大概听说过“举一反三”的话吧，教师的讲授无论如何详尽，总之只是“举一”；学校教育所以能使学生终身受用，全在乎让学生受到锻炼，养成“反三”的能力。教师决不能把学生所需要的事事物物一股脑儿教给学生，学生在一生中需要的事事物物却多到不可以数计，如果没有“反三”的能力，只有随时碰壁而已。所以，纯粹被动的学习态度必须彻底打破。学生不应该把教师的讲授看作学习的终极目的；教师的讲解只是发动学习的端绪，学生必须自己再加研求，才可以得到能运用于实际生活的知识和能力。即使教师不曾讲到的，不曾给过端绪的，学生为了实际生活的需要，也必须自找门径加以研求，这才是自动的学习态度，也就是自己学习的态度。

——《叶圣陶集》第 11 卷，第 106—107 页

朱永新解读：

学习是一种自我探索的过程。任何学习活动，如果离开了学习主体的主动积极的努力，终将一事无成。

叶圣陶对学生的主动学习精神十分关注。他认为，如果学生只是跟在教师后面亦步亦趋，老师讲授

以后才去关心，而老师没有讲的东西不予理睬，一定是一事无成的。老师的讲授最多是“举一”，如果学生没有“反三”的能力，就不会有真正的收获。一个优秀的学生，应该在老师规定的内容之外，在老师不曾给过端绪的地方，自我门径加以研求，这才是自动学习的态度，也就是自我学习的态度。而且，仅仅有态度是不够的，只有把态度化为习惯，才能够真正地巩固下来。

叶圣陶的这段论述，对于父母们也很有启迪意义。应该鼓励孩子自我学习自己探索，学老师所未教，才能够有真正的成就感，才能够把学习视为快乐的事情，才能够从主动学习变为积极创造。

享受学习的快乐

>> 有一天，学生离开了学校，离开了老师的讲解，不得不开始用自己的心与力，跟当前的事物打交道。当发现树叶怎样发芽，果实怎样长成的时候，他们惊奇着造化的神妙，感到莫大的快慰。当悟出某一种自然势力怎样推移，某一项历史事物怎样演变的时候，他们欣赏着自己的成功，怀有与自来的物理学家、史学家同等的骄傲。尤其作专门研究，作实际事务，起初茫无头绪，暗中摸索，忽然望见一线光明在前面闪耀的时候，他们那欢喜与满足宛如见了宇宙全部的奥秘，不禁要跳起来喊道："从今以后，可以安身立命了！"但是他们的记忆力如果不太坏，总有时候会想起学生时代的种种；只要一想起，他们便会爽然若失。原来他们的快慰、骄傲、欢喜和满足，本该在学生时代早就享受的，现在却拖延到多少年后才享受，还值得高兴吗？只有自认倒霉的份儿罢了。

——《叶圣陶集》第 11 卷，第 127 页

朱永新解读：

学习本来应该是一件快乐的事情。探索以后的发现，艰苦以后的惊喜，孩子的学习过程与科学家的发现过程一样，应该充满着智慧的挑战与愉悦。

但是，我们的教育往往不是如此。我们的教育更多是把孩子作为一个知识的容器，不停地朝里面灌注；把学习的过程变成重复的机械练习，变成既成知识的

搬运，从成人的头脑搬到孩子的头脑里、从教科书上搬到孩子的作业本上。这样的教育，完全违反了孩子的学习规律，这样的“学习”是在折磨孩子，摧残孩子。

好的教育，应该是让孩子享受学习的过程，应该充满着发现的惊喜和快乐。教育好不好，问问孩子的感受，看看孩子的表情，就可以一目了然。

不为考试而学习

>> 不要说“为考试而学习”是个怪口号，只怕已经有不少的学生和家长真的相信学习的目的就在于考得好，得到多量的分数了……

考得好，分数多，固然是学习得好的证明，可是决不该把考试认作学习的目的。如果把考试认作学习的目的，会有怎样的后果呢？我想，那就会在学生心头形成压迫之感，好像欠了还不清的债，总不得轻松舒坦，这是一。（我希望心理学者研究并测验，这种压迫之感对学生的学习是否有损害？如果有，有多大？）其次，可能使学生把所学的东西看作敲门砖。假如真看作敲门砖，那么不管门敲得开敲不开，手里的砖总是要丢掉的。第三，可能有极少数的学生存着顺利过关的想头，采取些不正当的手段来应付考试。那更是有关品德的问题了。

所以我老在心头祝愿，学校和老师期望学生全都学习得好，这种期望是非常值得铭感的，但是千万不可拿考试和分数来做鼓励学习的手段。鼓励学习，无须外求，就在指导学习之中使学生受到鼓励，可能最有实效。循循善诱，教学相长，学生如坐春风，如入胜境，自然乐于学习，勤于学习。思考问题，试作实验，教师只给简要的提示，学生须作艰辛的努力才得解决；当解决的时候，学生的欢快好比爬上了峨眉的金顶，正是继续努力的推动力。我料想，这样的佳况在好些学校里已经实现；而在不远的将来，由于全体教育工作者的勤勉，将会普遍实现。

——《叶圣陶集》第 11 卷，第 283—284 页

朱永新解读：

这是叶圣陶先生1980年1月27日写下的文字。32年过去了，为考试而学习，为考试而教育的情况非但没有消失，反而有过之而无不及。

叶圣陶先生分析了为考试而学习的三大弊端：第一，使学生形成强大的心理压力。“好像欠了还不清的债，总不得轻松舒坦”。所以，他希望心理学家们好好做一些实证研究，看看到底应试教育给学生们造成了多大的心灵伤害。第二，使学生把学习作为敲门砖。学习本来是增进知识、陶冶情感和形成技能的重要路径，但是，考试的分数，成为学习的唯一目的了，学习也就发生了异化。第三，使学生的品德发生偏差。为了好的分数，可以不择手段，甚至不惜作弊抄袭。

所以，叶圣陶先生希望，不要把考试和分数作为教育的目标，应该鼓励老师和学生关注学习的内在过程，关注学生的内心体验，“鼓励学习，无须外求，就在指导学习之中使学生受到鼓励，可能最有实效”。

其实，好的教育是不畏惧分数的。把分数作为教育的额外奖赏而不是教育本身的目标，是新教育人的理想。尊重教育的内在规律，让学生学得更加主动积极，就可以实现这个理想。淡化分数而不放弃分数，也是每个父母应有的态度。

>> 所修习的功课如果能够完全消化，应付考试是不用临时预备的。我们可以来个比喻：一个提得起五十斤重量的人，他在无论何时无论何地总提得起五十斤，除非他病了或是衰老了；他有这力量是平时练成的，临到提东西的时候，他不需要什么预备。现在一部分青年却需要临时预备，在揣摩以前的考试题目之外，再要看书局里请人编出来的《解答》，不是表达他们平时对于所修习的功课还不能够完全消化吗？我们以为这比较起毕不成业或是考不上大学来，在青年本身更是严重的问题：因为不能够把所修习的功课完全消化，在知识上能力上就多少有点不健康，这不健康会影响到青年整个的生活。

我们也知道现在中学毕业会考以及大学入学考试，有一些主试者往往出些超出应试者的程度的题目，使应试者不得不“临时抱佛脚”，以期在群集的竞赛中不致落选。这是最没有道理的事情，应该用舆论的力量和教育行政当局的制裁使它改善。在没有改善之前，青年为“志在必胜”起见，临时抱一抱佛脚，自是人情之常，未可厚非。但是，如果意不在此，而只为程度还没有达到水准，所以不得不匆匆忙忙临时预备，这就很可虑了。一个青年应当知道：所修习的功课犹如食物，必须随时把它消化，让它化为自身的血肉。一个青年更应当知道：考试只是一种测验的方法，并不是修习的目的；他必须为自身受用而修习，不该为对付考试而修习。

——《叶圣陶集》第 12 卷，第 139—140 页

朱永新解读：

与把读书与就业挂钩一样，把学习与考试挂钩，也是教育的一大弊端。

1937 年春天，叶圣陶先生去南京，在火车上看到许多学生厌倦而烦躁地看着《中学会考问题解答》和《大学入学考试题目汇编》之类的书籍，于是，写下了上述的文字。

80 多年过去了。叶圣陶的担心依然存在，甚至有过之而无不及，读教辅书的“临时抱佛脚”更加轰轰烈烈，以至于不少出版社靠出版教辅书才能够生存。

但读书学习，本应该像平时吃东西一样，在嘴里嚼得极细，在胃里磨得极烂，在肠里吸收得极充分。总之，“要让东西消化掉，成为自身的血肉”。真正消化了的知识，一定是能够融会贯通的，不需要临时为考试去突击的。

现在许多学校流行一句话：“上课记笔记，考试背笔记，考后全忘记”，其实就是把学习与考试彻底地挂起了钩。这样的学习只是为了短期的考试目标，而不可能真正充实自己的头脑、丰盈自己的心灵。所以，叶圣陶先生告诫大家：考试只是一种测验的方法，不是修习的目的。

学习必须为己

>> 孔子说:“古之学者为己,今之学者为人。”为己,就是说所学都归自己受用,生活从而丰富美满。为人,就是说所学跟生活不发生关系,学如未学,徒然说些空话,摆个空架子,使人家误认他已经学了。孔子这个话,慨叹他当时的学者学而不得其道。学如未学,又何必学,诚然可以慨叹。咱们从此应该相信,事不论古今,学必须“为己”才行。

咱们认定了“为己”这个标的,然后去学习各种功课,情形就大不相同。咱们将不再以为做功课仅是“读书”,只须记得牢,背得出,答得出老师的考题,取得到及格的分数。书固然要读,可是印在书本上的不过是各种道理跟做法的记录,最要紧的一步还是把这些道理跟做法化为咱们的知跟能。说到“化为”,光是“读”决不济事,必须随时随地使各种功课跟咱们的思想行为打成一片才成;打成一片是咱们自己的受用,咱们不但要知道必须如此,而且要乐于做到如此。“知之者不如好之者,好之者不如乐之者。”到了“乐之”的阶段,凡是所学的东西还有不是“为己”的吗?

——《叶圣陶集》第12卷,第174—175页

朱永新解读:

怎么检验学习是为自己还是为别人?

其实,关键是看能否学以致用。为别人的学习,是记忆之学、考试之学。学习就是为了考试,为了一

个好的分数，我们说的“上课记笔记，考试背笔记，考后全忘记”就是为别人的学习。为自己的学习，则不是要求能够“记得牢，背得出，答得出老师的考题，取得到及格的分数”，而是真正地把所学习的东西化为自己的东西，化为自己的知识与能力，化为自己的行动，“使各门功课跟咱们的思想行为打成一片”。分数，不应该是学习的目的，而只是学习的副产品，是学习的额外的奖赏。

衡量学习是为自己还是为别人，还有一个重要的标准，那就是看学习者在学习过程中是否快乐，是否兴趣盎然。“知之者不如好之者，好之者不如乐之者。”叶圣陶先生认为，一个人如果到了“乐之”的阶段，学习一定是有所成效了，一定是把所学的东西化为自己的东西了。

在指导孩子学习的时候，我们应该用叶圣陶先生的两个标准去帮助、引导孩子，不要急功近利，简单为考试而学，而是努力践行，快乐学习。

说话训练要日积月累

>> 训练训练，分开来说，训是老师的事，练是学生的事。就老师的方面说，采用种种有效的办法，循序渐进地教导学生练，固然极为重要，而督促学生认真练，经常练，尤其是奏功收效的关键。一曝十寒，办法再好也没有多大用处，因为在学生身上得不到巩固，养不成习惯。必须督促学生循规蹈矩地练，积日累月地练，练到非常纯熟，再也丢不了了，学生身上才真正有了这项能力了。凡属训练的事都如此，说话训练当然包括在内。

——《叶圣陶集》第13卷，第165页

朱永新解读：

语文教育，许多教育家往往更多地重视阅读和写作，对于听和说，是不太关注的。但是，叶圣陶先生却非常重视听说读写的全面培养，对于日常生活而言，听和说的意义，一点也不亚于读与写，因为使用的频度更高，对生活的影响更大。而听和说，与读和写一样，也是需要训练的。这里就专门讲了说的训练的问题。说话训练，叶圣陶先生讲了两个要点，一是认真练，二是经常练。认真练，就是要系统科学，掌握方法要领；经常练，就是要坚持不懈，不能够一日曝十日寒。对于说话问题，新教育实验倡导的十大行动之一“培养卓越口才”，以及新阅读研究所研发的“听读绘说”和童喜喜口头作文，都进行了有益的探索，也算是把叶圣陶先生的训练真正落地开花了。

发展学生的主观能动性

>> 学生自己想得通的，记得清楚的，自然不必教。想不通了，说不清楚，这就是碰了壁了，其时学生心头的苦闷多么厉害，要求解决的欲望多么迫切，可想而知。在这种情况下受老师的教，真好比久旱逢甘雨，庄稼就会蓬蓬勃勃地滋长……

学生的主观能动性不断发展，将会达到这样一个境界：在事事物物中，随时随地能够发现问题并且解决问题。这样的人才是任何工作任何行业最为需要的，我恳切期望老师们向这方面着力。

——《叶圣陶集》第 11 卷，第 279—280 页

朱永新解读：

《论语》有一句名言："不愤不启，不悱不发。举一隅不以三隅反，则不复也。"说的是要充分调动学生的主观能动性，才能取得好的教育效果。所以，教育的过程，关键是把学生的主动性和积极性调动起来。当学生的脑筋开动起来，自己能够想清楚的问题，自然就不必教了。而学生实在无法解决的问题，老师适时点拨，就会豁然开朗。所以，教育的关键，在于培养这种主观能动性，让学生学会主动地发现问题和解决问题。

知识只有自己去求

>> 知识是求知者主观的欲望和兴趣的结晶体，离开了求知者的主观便无所谓知识，所以知识只有自己去求，别人的知识只能由别人去应用，我不能沾他的一些光。教师的真知识终究是教师的，与儿童没有关系；教师用语言和文字将古人和自己的经验一一传授给儿童，即使这些经验千真万确，毫无疑义的，也不一定能使儿童得到真知识。因为这许多经验在教师固然已心领神会、亦知亦行了，在儿童也许不觉得需要，不发生兴趣，如果这样，这许多经验就不会加入儿童的知识的总和。

——《叶圣陶集》第 11 卷，第 38 页

朱永新解读：

知识的获得是一个主动寻求的过程。“离开了求知者的主观便无所谓知识”，也就是说，知识不是从老师的脑袋里装到学生的脑袋里，而是学生自己把知识装进自己的脑袋里。如果不是学生自己求得的知识，也许考试时可以派上用场，但是终究不是自己的，终究要还给老师。所以，老师不要“用语言和文字将古人和自己的经验一一传授给儿童”，与其往学生的头脑里装知识，不如激发他学习的兴趣，满足他求知的需要。要让学生主动地去学习，兴趣盎然地探索知识，这样知识才能真正为学生所拥有，融汇到他自己的知识结构中去。

改进教学不应当加重学生的负担

>> 改进教学，提高教学质量，决不应当加重学生的负担，也决不会加重学生的负担。请想一想，教师在课堂上把功课讲得又清楚又透彻，学生就不必在课外自己去暗中摸索。教师提出的问题和布置的作业又扼要又富于启发性，学生就不必烦琐地动那些无谓的脑筋，动到脑筋必然有有所领悟的快乐。这样，怎么会加重学生的负担呢？有些地方有些学校曾经发生学生负担过重的现象，主要原因在教学不得其道，在所用的教材还有缺点。教师少钻研教材，不熟悉教材，主观主义，形式主义，都会加重学生的负担。

——《叶圣陶集》第 11 卷，第 219 页

朱永新解读：

学校教育经常有一个误区，就是认为提高质量与增加负担是正相关的，多刷题才能考高分。其实，两者之间并没有必然的关系，学生课业负担过重，往往与教师教学不得法有关。如果教师把问题条分缕析讲得很清楚，如果教师布置的作业少而精又富有启发性，学生的负担是可以减轻的。学生负担重的根本原因还是出在教师身上，教师不钻研教材，不熟悉学科知识体系，只好搞大水漫灌、题海战术，结果学生疲于奔命，反而效率很低。

一切以学生为本位

>> 教育播音既是一种很有意义的设施，我们希望被邀请去作广播讲演的人都要认真地干。第一自然要认识这种设施是“为着学生”的，一切都得以学生为本位；凡学生所要明晓的，倾筐倒箧，不厌其烦；凡学生所要解决的，借箸代筹，唯求其尽。第二更要对于自己的讲演技术作深切地反省：怎样能使听众感到兴味？怎样能使听众充分容受？

——《叶圣陶集》第 12 卷，第 134—135 页

朱永新解读：

这是叶圣陶给教育电视台、广播电台等从事教育播音的老师们写的文字。教育播音的对象主要是学生，所以它的本质也是教育，也要真正地以学生为本位。因此，对于要让学生知晓的内容，就要毫无保留、不厌其烦地讲清楚，帮助学生明白。凡是学生需要解决的问题，都要尽可能服务到位。让学生听得兴趣盎然，入脑入心，减少信息的损耗，应该是教育播音的目标。

教育界的『报销主义』

>> 学校教学生念教科书，学生只管念，念了就完事。学校教学生抄各种笔记，学生只管抄，抄了就完事。其实教科书和笔记跟堪以应用的本领之间还有不少距离，读了教科书，抄了笔记，未必就有了堪以应用的本领，必须根据所读的所抄的，再从事事物物上去体察去磨练才行。现在读了抄了就完事，就学校说，固然可以报销过去了，就学生说，却没有多大好处。

——《叶圣陶集》第5卷，第426页

朱永新解读：

叶圣陶先生这里说的情形，与许多学校现在的风景颇为相似：上课记笔记，考试背笔记，考后全忘记。也就是说，学习，只是为了应付任务，只是为了报销结账。虽然也能够考一个好的分数，但没有真正学懂弄通，融会贯通。真正的学习，“必须根据所读的所抄的，再从事事物物上去体察去磨练才行”，也就是说，真正的学习，有效的学习，是能够应用的，能够改进我们的生活方式的。

养成好的学风

>> 我们愿意提醒在校学生，请特别看重这种可贵的情况。在校务跟课业方面，要热切地经常地关心着。无论建议或批判，总得以使自己不断地长进为标准。又要衡情酌理，实事求是，不作过高之论，不让虚幻的想头跑野马……好的学风待教师跟学生共同养成，可是尤其重要的还在学生。好的学风养成了，学生在校里就好比鱼在宽阔的水里，游泳自如，无往不宜，不断的长进这才有了保证。

——《叶圣陶集》第 12 卷，第 292 页

朱永新解读：

好的学风如何形成？叶圣陶认为由师生在共同生活中养成。其实，叶圣陶所说的好的学风，也就是指学生良好的学习习惯。良好的学习习惯养成了，就不需要刻意去努力了，就是自然而然的行为了，学生在学校里，就像鱼儿在水中，自由自在地游泳，无往而不宜，学生的成长就是正常的了。

>> 倘若境遇里面已足引起需求，则不必提示，便达目的。譬如儿童早从园庭里审知鸟的一切，教授“鸟”字便算不得一回事。可见要行直观教授，首须设备的周密。所以学校里宜有会场、农园、工室、博物室、图书室等等设备；而教师也是儿童境遇里一要件，切不可远远隔离，授课时才相见。果能设备这等完备的境遇，当然不仅国文教授独享其利。可是要国文教授成功，非有这等境遇不可。国文教授并非是限于教室以内的教科啊！

既然引起儿童的需求，则此后的事，如观察、试验、批判、欣赏等，可以全归儿童，教师偶或帮助而已。经过这许多工夫，结果便是心灵的发展。这心灵的发展便是国文教授的重要目的。

——《叶圣陶集》第13卷，第14页

朱永新解读：

学习语文，与学习其他学科一样，都需要引起儿童的兴趣，满足儿童的需求，激发儿童学习的主动性积极性。一旦达到了上述境界，学生就可以不用扬鞭自奋蹄，他们会主动地观察、试验、批判、欣赏等。而要达到这个境界，就不能把儿童封闭在教室里，局限在教科书上，就需要把教学的内容紧密地与儿童的生活经验和生命体验结合起来。为什么呢？因为教育的根本目标不是记忆某些知识，复述一些公式，而是心灵的发展。

提问、指点与畅讲

>> 可否自始即不多讲，而以提问与指点代替多讲。提问不能答，指点不开窍，然后畅讲，印入更深。而学生时常听老师提问，受老师指点，亦即于不知不觉之中学会遇到任何书籍文篇，宜如何下手乃能通其义而得其要。此如扶孩子走路，虽小心扶持，而时时不忘放手也。我近来常以一语语人，凡为教，目的在达到不需要教。以其欲达到不需要教，故随时宜注意减轻学生之依赖性，而多讲则与此相违也。

——《叶圣陶集》第 25 卷，第 18 页

朱永新解读：

教的目的是不教。所以，增强学生的主动性，减少学生的依赖性，应该是教育的基本方针。教师从头讲到尾的填鸭式教育，无疑是不可能达到这样的效果的。所以，在教学过程中，如何精讲多练，如何用提问、指导代替讲授，就是教师应该思考的问题。正如《论语》所说的“不愤不启，不悱不发”，只有在学生“提问不能答，指点不开窍”的情况下，才可以“畅讲”。正如扶小孩子走路，最后的目标是让孩子独立行走，一直不放手，自然是无法实现这个目标的。

帮助学生为学

>> 我开一门课程，对于那门课程的整个系统或研究方法，至少要有一点儿是我自己的东西，依通常的说法就是所谓“心得”，我才敢于跑进教室去，向学生口讲手画，我不但把我的一点儿给予他们，还要诱导他们帮助他们各自得到他们的一点儿；唯有如此，文化的总和才会越积越多，文化的质地才会今胜于古，明日超过今日。这就不是“教书”了。若有人问这叫什么，我的回答将是：“帮助学生为学”。

——《叶圣陶集》第 11 卷，第 138 页

朱永新解读：

这段文字很精妙。作为教师，绝对不是一名知识的搬运工，把书本上的知识搬运到学生的脑子里去。教育过程本身也是知识的创造过程。教师对于文本的理解，对于学科的心得，不仅对于学生理解知识和学科具有重要的意义，对于自己的成长，对于学科知识的丰富和文化的积累，本身也具有非常重要的意义。所以，每位教师在走进课堂的时候，在给学生们讲课之前，应该像叶圣陶先生那样问问自己：我要讲的东西自己是不是真正弄懂弄透了？是不是有自己的心得？要帮助学生为学，首先自己要学透。

教师之主导作用在『引导』

>> 所谓教师之主导作用，其义在“引导”，并非一切由教师主动，学生处于被动地位，只听教师讲说。譬如走路，教师指点一下，或者在前边走，路还是要学生自己走。引导之后，学生能自己理解，自己练习，教师又何必多事口说？要在学生走不通的时候，才给他们扼要点明。老师不能一辈子跟着学生，学生必须随时读写，直到老年，这又是必须让学生自动，发挥他们积极性创造性的理由。所以，径直讲课不如布置预习，径直说明不如提出适当的问题，安排适当的练习，让他们自求得之，如有不合，才给他们纠正或补充。

——《叶圣陶集》第 13 卷，第 191—192 页

朱永新解读：

我们的教育学理论一直主张，在教育过程中要发挥学生的主体作用，教师的主导作用。其实，主导是以主体为前提的。也就是说，主导，不是一切由教师主动，让学生被动地接受，被动地听讲。主导的作用在于导。这个导，就是《学记》里说的“道（导）而弗牵”，指点一下，让学生自己去探索，自己去行走。为什么需要这样做？因为学生总要放飞的，总要长大变老的，总要离开老师独立生活的。学生越是能够独立地处理问题，解决问题，他们适应社会的能力就越强。

两点好的教学方法

>> 温功课也好，上新功课也好，我总认为老师要做到两点，学生才有实益。哪两点呢？一点是让学生完全了解这个功课为什么，有什么用处。一点是让学生喜爱这个功课，觉得其乐无穷。我想教学方法尽可以各人不同，能做到上面说的两点，就是好的教学方法。

——《叶圣陶集》第 25 卷，第 13 页

朱永新解读：

什么是好的教学方法？叶圣陶提出了两个标准：一是让学生了解所学课程的意义与价值；二是让学生真正喜爱这个课程。其实，这两者都是从学习的动力机制来考虑的，没有涉及课程本身的内容。让学生了解这门课程有什么用处，其实就是把课程与学生的生活和生命紧密地联系起来，而一旦如此，学生自然会兴趣盎然，觉得其乐无穷。所以，这两者本身也是互为依存的。

劝告《中学生》读者

>> 要劝告读者，学习不是为了应付考试，取得分数，而是为了学到有用的本领，将来好尽可能多干些对人民有益的事。要告诉读者，死记硬背是最坏的学习方法，只有真正领会各科课本的内容，才能学到有用的本领，将来干任何工作都能派用场。要给读者讲清楚，知识多得很，新事物层出不穷，课本里是写不尽的，老师是教不尽的，所以必须练成功自己发现问题和求得解决的能力，将来才能做好各项工作。还要劝读者注意，凡是好的态度和好的方法，都要使它化为习惯，包括日常生活方面的，待人接物方面的，求知识方面的，干工作方面的。只有熟练得成了习惯，好的态度才能随时随地表现，好的方法才能随时随地应用，好像出于本能，一辈子受用不尽。

——《叶圣陶集》第 11 卷，第 270—271 页

朱永新解读：

这是叶圣陶先生为《中学生》杂志副刊撰写的复刊词。文章对《中学生》杂志提出了四个方面的要求。第一，告诉中学生，学习不是为了考试，不是为了得到高分，而是为了真正能够学到东西，学到有用的本领。第二，告诉中学生，“死记硬背是最坏的学习方法”，要实现第一个目标学到真本领，就必须冲破考试的牢笼，学会融会贯通。第三，告诉中学生，新的知识层出不穷，课本里写不尽，老师教不尽，需要获得

自我探究的能力。第四，教育的根本目标是培养良好的习惯，习惯是一种让人终身受益的生活方式。从日常生活的起居作息时间，到待人接物的礼仪问候，从求知识方面的阅读写作，到干工作方面的兢兢业业，一旦形成了良好的习惯，自然就可以一辈子受用不尽。

创造不同的教法

>> 同样的教材，可以有不同的教法，因为教的人不同，学的人也不同。总之，能收到实效的就是好教法。不要因为某种教法曾经受到某某的赞赏，就此“定于一”，不允许再有别的教法。任何一种教法都有优点和缺点，优点要它更优，缺点要它改正，这才能不断改进。轻易否定一种教法是不好的，把一种教法强加于人也是不好的，因为都不利于动员大家创造好的教法。

——《叶圣陶集》第11卷，第307页

朱永新解读：

教无定法。教育的奥妙，往往就在于它没有标准答案，在于它的变化无穷，在于它的因人而异。“不管白猫黑猫，抓到老鼠就是好猫”，这是告诉我们，效果才是硬道理。所以，中小学经常通过“同课异构”的方式进行教学研究，发现各种方法的优点，集思广益，帮助大家开阔思路，寻找新的方法。因此，作为老教师，不要把自己认为的好办法强加给新教师，而要鼓励他们大胆创新创造。

第五章

品德教育
重在实做，
不在于能说会道
——素质教育论

导语

教育的目标既体现在知识与技能的获得，更需要在德育、美育、体育和劳动教育中实现。德目不应该是挂在口头的语言、写在纸面的文字，而应该是贯彻一切行为的态度和精神。如果青少年都能通过教育树立正确的人生观，学会认识和完善自己，能思考人生的意义，学会处理物质和精神生活的关系，胸怀人生理想，就会推动他们养成好习惯，群体之间就会恪守秩序，形成良好的风气。艺术教育的目的不是让孩子成为画家、音乐家，而是让他们在艺术活动中形成兴趣，陶冶情操，进而培养对生活的热爱。学生的健康体格和心理也应该受到高度关注，要使少年儿童获得生活经验，勤于思考，培养独立精神，学会选择职业。这样，通过“教、学、做”的统一，他们就“真能懂得事物，真能明白道理，真能实践好行为”。

>> 原来人之所以可贵，并不在他既已为人，乃在他将进而为更高尚的人。一个人的所作所为，如果能参加整个人类的进化历程，便算是个有价值的人。那么真实明确的人生观，当然是每个人必须具有的了。这真实明确的人生观不是随随便便就可以认识到的；但是又不能东寻西找，耗费了许多光阴，直到了下半世才认识到。必须在幼年的时候就能认定方向，纵然没有什么“人生观”的名词在脑际，却走一步进一步，自然而然不走到岔路上去，才能越进越真切，不白做了一世的人。这幼年的时候，不就是做小学生的时候吗？替小学生定个方向，使他们对准了方向，充分发挥他们的可能性，不就是小学教育的力量么？所以我们可以说：小学教育的价值，就在于打定小学生一辈子有真实明确的人生观的根基。

——《叶圣陶集》第 11 卷，第 9 页

朱永新解读：

教育的使命是什么？叶圣陶认为最关键的就是两件事，一是培养孩子的人生观，二是培养孩子的好习惯。这两件事看起来是一虚一实，其实虚中有实，人生观在一定程度上比好习惯更基础，更关键。

人生观，看起来有点虚，但是恰恰是它决定着我们人生的方向。让孩子知道，人为什么而活着？人怎样活着才更有意义？怎样处理人的精神生活与物质生

活的关系？怎样认识自己、完善自己、成就自己？这些问题，不是赤裸裸地提交到孩子的面前，不是简单地把答案交给孩子，而是应该通过生活中的许多故事，通过与孩子一起读书，悄无声息地让孩子知道。

有一条是可以肯定的，有没有自觉的人生观，孩子会有不一样的人生。所以，在小学阶段，就应该为孩子的人生观打下坚实的基础。

艺术教育要让学生有兴趣

>> 艺术是多么有趣的事儿，可是学生往往不发生兴味，图画只是乱涂一阵，音乐只是乱喊一阵，这个学期如此，下个学期也如此，直到毕业，还离不了乱涂乱喊的阶段。如果担任教师对艺术学科的教育价值和教学方法明白一点，熟练一点，该不至于这样。

普通学校设艺术学科，目的当然不在于使学生成为画家、音乐家。教学生学习图画，在于使他们精密地观察物象，辨认形象的美与丑，和谐和凌乱，并且能够把所见所感的约略地记录下来。教学生学习音乐，在于使他们能用声音表达出感情和意志，尤其当合奏合唱的时候，个体融和在群体之中，可以收到人格扩大的效果。这些看法似乎不怎么重要，其实非常重要，好像没有什么实益，其实有广大的实益。如果学生既能了解又能实践，就个人说，就将终身受用不尽，就社会说，就是进入美善的一个重要因素，这是最浅近的常识，主持教育的人不应该不知道。而现状却是大多数人看轻艺术学科，认为可有可无，我不能不抗议。

——《叶圣陶集》第 11 卷，第 181—182 页

朱永新解读：

这是 1945 年 2 月 26 日叶圣陶先生写下的文字。70 多年过去了，问题仍旧存在。

艺术教育，在许多父母的眼里，就是为了考试加

分，就是为了成名成家出人头地。在许多学校，艺术教育要么形同虚设，偷工减料；要么针对少数人，为了表演或者考试。所以，除了那些考级的孩童，大部分孩子缺乏艺术的熏陶和正规的艺术教育。

艺术究竟有什么价值？有人曾经用“无用之用”来概括艺术的作用。尽管现在艺术品已经打破了“无用”之说，因为艺术的物质价值已经不断显现出来，但是，艺术更重要的价值是它能够给人们带来精神上的愉悦，艺术可以感染一个人的灵魂，丰富一个人的精神，震撼一代人的心灵。一个懂得艺术、热爱艺术的人，也是懂得生活、热爱生活的人。

培养孩子的独立精神

>> 学步导幼儿，人人有经验；或则扶其肩，或则携其腕，惟令自举足，不虞颠仆患；既而去扶携，犹恐足未健，则复翼护之，不离其身畔；继之更有进，步步能稳践，翼护亦无须，独行颇利便。他日行千里，始基于焉奠。似此寻常事，为教倘可鉴。所贵乎教者，自力之锻炼；诱导与启发，讲义并示范。其道固多端，终的乃一贯。譬引儿学步，独行所切盼。独行将若何？诸般咸自办；疑难能自决，是非能自辨，斗争能自奋，高精能自探。学者臻此境，固非于一旦，而在导之者，胸中存成算；逐渐去扶翼，终酬放手愿。当其放手时，此才必精干，服务为人民，于国多贡献。扶翼获致是，宁非大欢忭？

——《叶圣陶集》第8卷，第411—412页

朱永新解读：

这是叶圣陶先生在1977年为复刊的《人民教育》杂志写的一篇诗词。他以引导小孩学习走路为例，说明培养孩子的独立精神的意义。

他说，在引导孩子学习走路的时候，有的是扶着他的肩膀，有的是拉着他的手腕，只希望孩子自己抬脚移步，并不忧虑他走不稳而跌倒。但不久以后就放手，不再搀扶，还恐怕他的足力不强健，就再从旁边保护着他，不离他的左右。过些时更有新的进展，一步一步都能稳稳地走，从旁保护也就不再需要了。当孩子独自行走比较顺利方便时，也自然为未来远行千

里之外，奠定了基础。教育也是如此。教育最重要最可贵的地方，就是要发挥孩子自己的力量，独立地处理他面对的问题，自己去解决疑难问题，自己去分辨是非，自己去奋斗抗争，自己去探索各种高深的问题。

教师和父母的责任，就如同帮助他们学会走路一样，扶持是为了放手，让孩子充分发挥自己的聪明才干。当孩子真正展翅高飞的时候，也是教师和父母最快乐的时候。

一分耕耘一分收获

>> **大地藏无尽，勤劳资有生。念哉此意厚，努力事春耕。**

——《叶圣陶集》第 8 卷，第 209 页

朱永新解读：

1946 年 12 月，叶圣陶先生为胡一川先生的套色木刻《春耕》题诗一首，作为四个刊物的新年贺喜之作品。诗不长，言简意赅。他指出，我们生活在这样一个星球之上：大地蕴藏着无穷无尽的宝藏，拥有这些宝藏是人类的福分。但如果没有我们的勤苦的劳作，我们也难以生存和发展。一年之计在于春。只有从头开始努力，才能够做出成就。

教师和父母们应该知道，孩子具有不同的禀赋，但无论禀赋多么优秀，没有辛勤的耕耘，是不可能有真正的成就的。一分耕耘一分收获，只有加紧努力，才能够不辜负丰富的大地，不辜负我们的禀赋。叶圣陶还专门撰文《努力事春耕》，强调“春耕是一年农事的开头，什么事都一样，开头的功夫用得越深，到后来的成果越大越多”[①]。所以，我们需要鼓励孩子，趁着青春年少，努力学习，充盈自己。

① 《叶圣陶集》（第 6 卷），第 266 页。

写好汉字是中国人的基本功

>> 写字不自惬，往往怨笔纸；若曰笔纸佳，我书当胜此。今者对旧笺，称意宜深喜，顾乃怯落笔，唯虑笺徒毁。怨见蕲诸物，虑征勿信己，总欠真工夫，二者胥缘是。

从未勤练习，吾书安得好？自观只摇头，书兴宜其少。乃有命之者，雅意岂容藐？黾勉以从事，罔敢任草草。不惬则依然，致之愧萦抱，出门弗认货，见嘲吾无恼。

——《叶圣陶集》第8卷，第352页

朱永新解读：

这是1974年“文革”期间，叶圣陶的朋友拿来一张旧笺请他写字，他害怕自己的字写不好糟蹋了这张好纸，同时就写字问题有感而发写下的两首带有自嘲性质的诗。

写字，历来是中国文人的基本功。文人与墨客，在中国人的语汇中历来是相提并论的。文人不会写字，墨客不作诗文，都是不可想象的。不仅如此，诗书琴画历来也是古代文人的必修课。尤其是书法，汉字之美，在书法中体现得淋漓尽致。作为中国人，不能够书写好自己的汉字，是说不过去的。

写字其实也没有多少诀窍，就是“勤练习”三个字。叶圣陶先生三岁即描红习字，在草桥中学读书期间就习篆隶、刻印章，写得一手好书法。他还不满足自己的书法功底，觉得自己“总欠真工夫”。我们还有什么理由不好好练字写字呢？

>> 在夏令，只昆虫一类已足以吸住你的全部的注意力。乡居的人不用说，就是住在城市里的人也能看到白天出现于窗外、夜里飞翔到灯下的各种昆虫。把它们收集在一起，详察形态，比较异同，趣味当然比闲坐半天丰富得多，或者并不动手采集，只在它们生活场所的周围潜心考察，看它们怎样得食，怎样求爱，怎样取友，怎样拒敌，怎样娱乐，怎样繁殖。这样积时累日，就仿佛展读了各种昆虫的全部生活史。在这不知不觉中间，你的头脑比以前不同了。你将更善于观察和剖析，临到事物，知道哪几点极须注意，而哪几点却无关重要，哪一些是直接、间接的因，而哪一些却是影响所及的果。这观察和剖析的能力的增进是极有价值的，应付不论什么事物都将比以前精密且确当；普通教育所期望达到的目的，一部分原来就在这上边。研究动植物是达到这目的的一条路径，在夏令研究动植物又是便当万分的事情，草木虫鱼几乎同清风明月一样地不用一钱买，诸君何乐而不为呢？

——《叶圣陶集》第 12 卷，第 31 页

朱永新解读：

如何过暑假？如果仅仅就是做一大堆作业，只是枯坐桌前埋头书斋，也是非常痛苦的。叶圣陶认为，这样懒散的生活，“只配衰颓的老年人去过，决不是健

旺的青年人应该仿效的”。[1]

那么，究竟应该怎样过暑假？还有什么比做作业更加有意思的事情呢？叶圣陶认为，无论是去采集动植物，还是去动手做一下物理化学的实验，还是去制作一些手工艺作品，都是非常有意义的事情。因为，“我们的一双手决不能专拿笔和书；它们还得去亲近工具”。[2]

叶圣陶在这里举例说明抓昆虫的乐趣，说明在自然环境下，孩子们的观察能力、思考能力会有怎样的进步，学习效率会有怎样的提升，相信对教师和父母们是有启发作用的。希望有更多的教师和父母知道，大自然，有时候是最好的老师。

① 《叶圣陶集》（第 12 卷），第 30 页。
② 《叶圣陶集》（第 12 卷），第 32 页。

>> 人不能没有理想，没有理想只能糊糊涂涂的活下去，反省一下就会感到无聊，感到没意思。肚子吃饱了，身体穿暖了，活是活得成了，但是活下去做什么呢？回答不上来，一定索然，自觉与禽兽无异。有了理想就不然。咱们一天天生活下去好像黑夜航行在海里的船，理想就是招引咱们的灯塔，咱们要生活，要努力，就为要到达那座灯塔。

……青年们如果怀着理想的话，如果热切期望实现理想的话，那么急于养成好习惯的愿望自然会像火一般的燃烧起来。青年们虽然不像将士一样在前线打仗，可是大家都知道，现代战争的决定因素不限于军事。军事有办法，其他却极糟糕，胜利还是没有把握的。一个人不守秩序，一个人办不好事，一个人技术低劣，看来好像关系很细微；但是多数人不守秩序，多数人办不好事，多数人技术低劣，关系就重大了，这将抵消军事的成绩还有欠额，结果将得不到“胜”而得到“败”。怀着理想的青年谁肯做这样的“一个人”呢？不肯做，就得整饬自己，训练自己，养成种种好习惯。别人如何且不管，总之先把自己做成一个问心无愧实际上确然无愧的人。每个青年都不肯做这样的“一个人”，也就不会有这样的“多数人”了，这才有实现那个“胜”字的指望。

——《叶圣陶集》第 12 卷，第 153—155 页

朱永新解读：

理想是照亮人生的灯塔。前几天，《新京报》记者问我：给青少年传递“正能量”，哪一方面的能力最重要（比如学习能力、创新思维、社会责任、国际视野、身心健康等）？我的回答是：青少年需要的最大的正能量，是理想和自信。理想，对未来的憧憬，对美好生活的追求，是一个人前行的最大力量来源。而自信，对自己，对社会，对人类的根本信任，是一个人不抛弃不放弃的重要精神支柱。

人来到这个世界，究竟是为了什么？是匆匆忙忙走一遭，还是认认真真活一次？人为什么能够忍受各种苦难？如果没有明天的召唤，没有理想的支撑，没有美好蓝图的等候，可能我们会选择放弃。

所以，当我们拥有理想的时候，我们就会把自己的行为纳入理想的轨道，有所不为，为所不欲为，为理想而忍耐，而坚持，而奋斗。用叶圣陶先生的话来说，当青年人有了理想的时候，他就会“唯恐不及的充实自己”[①]，“急于养成好习惯的愿望自然会像火一般的燃烧起来”，“把自己做成一个问心无愧实际上确然无愧的人”。这就是理想的力量。

亲爱的老师和父母们，把理想装进孩子的行囊吧，这是给他最好的礼物。

---

① 《叶圣陶集》（第12卷），第154页。

>> 在群的方面恪守秩序，在群的方面办好事，在群的方面修炼技能，这可以概括合理的生活方式的全部了。不要说别人马马虎虎，我也不妨马马虎虎。要知道别人马虎是别人的事，我管不着。我的马虎不马虎是我自己的事，我管得着。既然管得着，为了我的理想就不应该马马虎虎。这样办法好像是冥心孤往，怪寂寞的。其实不然。所谓"德不孤，必有邻"，你取了这样的生活方式，必然有同样的人来做你的同志。同志的最确切的意义，该是互相督促互相激励的一群人中间的一个。有一群人在一起，理想相同，生活方式相同，各人自我教育，同时也就是彼此互相教育，这是多么有劲的情形，哪里会感到寂寞？这样的群扩大开来，直到包括我们青年的全部，一切情形该会大大的改观吧。

——《叶圣陶集》第 12 卷，第 156 页

朱永新解读：

自我教育与团队影响，是教育的两个重要途径。这两者本身也是密切联系的。

叶圣陶先生认为，自我教育好像是个人的事情，然而，凡是个人的事情绝不仅仅是个人的，个人的思想和行动都会反射、发生在群体中间，所以养成好习惯，对于个人和群体都有着重要的意义。

既然个人与群体互相影响，既然个人又是一个自觉的主体，我们就应该努力发挥自己的积极影响，而

努力抵制群体内部的各种消极影响。每个人都像一个发射器，如果群体中的每个人发射的都是正能量，每个人都成为“互相督促互相激励的一群人中间的一个”，那么这个群体就是彼此教育、共同发展的群体，就不会感到寂寞了。古人说的“德不孤，必有邻”，讲的就是这个道理。

所以，做最好的自己，永远是最简单而正确的逻辑。

>> 对于德目，抽象地去理解，去讨究，是没有用的；必须具体地去实践，就在种种平凡的方面去实践，使那些个都合得上那种态度和精神。譬如“礼”和“义”两个德目，抽象地去理解去讨究的时候，不过是两个概念罢了；没有这两个概念，人生未必缺少了什么，有了这两个概念，也未必充实了多少。若要等待遇到不平凡的行为，然后应用这两个抽象的概念，那更是“不可得之数”；结果自然我自我，礼义自礼义。另外一条路子，便是一点一滴地、无间无歇地实践。当升旗降旗的时候，你行礼，你唱歌，心中确然诚意，外貌确然恭敬。当运动游戏的时候，你努力，你竞争，做到胜而不骄，败而不馁，也决不用欺骗的办法取胜或讳败。当与人同在一起的时候，你谈笑行动，无拘无碍，决不说一句无聊的话引起别人的不快，决不作一个扰乱秩序的动作使别人感到或重或轻的不安。当与人交谈的时候，你发言运思，毫不勉强，内心绝对的真挚，容态绝对的诚恳。诸如此类，你就实践“礼”了。该做的事，如学校里的功课，职业方面的任务，你决不放松，定要把它做好。该帮助的人，如困苦的朋友，负伤的士兵，你绝不视若无睹，定要尽可能给他们一点帮助。对于没有道理的事情，如赌博，如欺侮他人，你能够戒绝不做；非但以前不做，将来也决不做。

——《叶圣陶集》第 12 卷，第 166—167 页

朱永新解读：

无论是学校教育还是家庭教育，德育工作都是重中之重。而德育工作最重要的不是纸上谈兵，而是躬行实践。德性的养成与知性的形成规律是完全不同的，所以，试图通过以教科书为内容、德育课为载体的方式培养孩子的道德，无疑是行不通的。

叶圣陶先生提出，道德不是挂在口头的语言，写在纸面的文字，而应该是贯彻一切行为的态度和精神。在日常生活之中，在游戏之中，培养孩子的道德品质，才能够真正取得实效。如在运动中培养孩子的合作精神，坚韧不拔的意志，胜不骄败不馁的态度，以及诚实的品质。

当然，道德品质的形成也需要道德知识和道德情感的滋润。所以，阅读，尤其是与那些伟大的著作对话，就显得很有必要。无论是那些伟大人物的传记，还是那些撼动心灵的小说，都蕴藏着人类最伟大的智慧和情感。从中汲取道德的力量，会让我们的行为更加自觉。

亲爱的教师和父母们，让孩子学会阅读，学会交往，学会运动，学会反思吧，道德的精神就在其中。

享受音乐

>> 音乐可以说是群性最丰富的艺术。单就声乐来说，你唱一支歌，无论自编的或现成的，只要你认认真真的唱，当一回事儿唱，你就宣泄了你的某种感情。人家听了你的歌，声入心通，也引起了某种感情。这当儿，你跟人家不但形迹上在一块儿，而且感情上也融和起来了。不问那感情是快乐还是哀愁，总之你并不孤单，你的欢乐有人分享，你的哀愁有人共鸣。再说合唱。许多人合着和谐的旋律，同唱一支歌，假若个个人认认真真的唱，当一回事儿唱，就人人会觉得“小己”扩大了，扩大而为同在合唱的“一群”；也可以说“小己”融化了，融化在同在合唱的“一群”里头。感染，激动，团结，组织，都是人群间重要的事项，而音乐却有达成这些事项的直接作用。我虽然不懂音乐，可是就常识而言，我相信音乐教育必须特别着重它的群性；而一般人了解音乐，享受音乐，也必须特别看重这个群性。因为个人跟人家共哀同乐，小己扩而为大群，与大群融和。这就是生活进入了更高更充实的境界。

——《叶圣陶集》第12卷，第197页

朱永新解读：

中国自古就是礼乐之邦。孔子很早就把音乐作为教育的重要内容，他的所谓“六艺”——礼、乐、射、御、书、数，就包括了音乐的教育。孔子还认为：“兴于诗，立于礼，成于乐。”只有受过音乐教育的人才是所谓的“仁人”。

但是，长期以来，由于教育的功利化，音乐一直是教育的小学科，一直没有得到真正的重视。在许多学校，甚至没有音乐的课程。所以，大部分孩子是没有系统接受过音乐教育的，五音不全的学生非常之多。音乐教育的实施者，往往是家庭，是父母。但是，父母们的音乐教育往往功利性又非常强，都是为了成名成家，或者为了考试加分。所以，考级、演出、获奖，成为音乐教育的主要指向。结果，可能出了一些音乐人才，但全民族的音乐素养非常欠缺。

叶圣陶对此进行了批评。他认为，我们还是一个不会享受声乐的民族，出几个歌唱家，在都市里开几个独唱会，“即使是与世界的名家并驾齐驱，也不能算是音乐教育的成功”。只有所有的孩子都受到良好的音乐教育，让“一般人都受到音乐的滋养，能够唱，能够听，能够使生活进入更高更充实的境界，那才是成功”。[①] 叶圣陶的这段话可谓切中时弊。我们的音乐教育，应该让所有的孩子懂得音乐，喜欢音乐，我一直期待，新教育实验学校的孩子们，每个人都能够会一两门乐器，会唱一些歌曲，他们不一定成为音乐家，但一定要喜欢音乐，懂得欣赏音乐，让音乐成为自己一生的朋友。

更为重要的是，叶圣陶先生从“群育”的角度阐述了音乐的重要性。他认为，音乐是群性最丰富的艺

① 《叶圣陶集》(第 12 卷)，第 197 页。

术。在音乐中，人从来不是孤单的，所有的欢乐有人共享，所有的哀愁有人分担。特别是合唱，具有感染、激动、团结、组织的作用，能够把“小己”融化在合唱的一群人里头扩而为“大群”，这样，人们的生活就进入了更高、更充实的境界。

亲爱的教师和父母们，让孩子走进音乐吧，不是为了成名成家，而是为了让音乐陪伴一生，让孩子不再孤独。

希望是特有的奖品

>> 不肯努力的人根本与希望无缘，也没有资格说什么乐观悲观。你生活过得好，环境处得好，就乐观了吗？这其间全没有你的因素在，你只是因人成事，往底里想，有什么可以乐观的？你生活过得不好，环境处得不好，就悲观了吗？你并没有绞一丝脑筋，花一分力气，企图改善你的生活和环境，试问除了对你自己之外，还有什么可以悲观的？

希望是努力不懈的人特有的奖品。在他努力的时候，希望奖励他的不停的前进。在他有了成就得了收获的时候，希望化而为事实，奖励他的切实的努力。为有这奖品在，努力不懈的人是无所谓悲观的。即使现状万分恶劣，他始终心胸宽广，精力饱满，照通常的说法，是乐观的——因为他努力不懈，把握确实在他自己手里。

——《叶圣陶集》第12卷，第246—247页

朱永新解读：

抗战胜利以后的第二个新年即将开始的时候，叶圣陶先生为《中学生》杂志写了这篇文章。文章开头他就指出，虽然新年给我们带来了新的希望，但这句话对于不努力的人来说没有意义，因为“希望又不是规定在年头上自己会飞来的鸽子，你说新年来了，希

望也就来了，岂不是一句梦话？”[1]

所以，希望只有对于那些坚持不懈努力的人来说，才是有意义的。不肯努力的人，根本不配说希望，也根本与希望无缘。希望对于那些努力不懈的人来说，是特有的奖品。

这一点，与我们新教育人的理念完全一致。新教育人说，相信种子，相信岁月。这是希望。新教育人又说，行动，就有收获；坚持，才有奇迹。这是努力。所以，努力是实现希望的路径，希望是对于努力的奖品。

亲爱的教师和父母们，不仅要把希望播种在孩子心中，更要让努力扎根于孩子身上。

---

① 《叶圣陶集》(第 12 卷)，第 246 页。

如何选择职业之一：有益

>> 有益的职业包含必需普遍的意义，凡可以使人类在物质上精神上得到满足的快慰的，都叫有益的职业。若是非人类所必需的，或反而有害于人类的，或一部分人受益而余人不得享受的，就不能叫做有益的职业。凡属有益的，必需的程度同，效益的普遍同，所以没有尊卑高下，所以平等。灌园种菜和攻学著书，一样的重要，一样的有价值。

——《叶圣陶集》第5卷，第21页

朱永新解读：

如何为孩子选择职业？这是经常令许多父母头疼的问题。

在这篇文章中，叶圣陶先生对选择职业的问题进行了深入的分析和讨论。叶圣陶认为，最关键的一条，是要从职业生活中找到个人的“乐境”、满足和快慰。所以，能够让最大多数人得益的职业，就是好的职业。

职业没有高低贵贱之分，只有社会分工的不同。就像农夫与作家没有尊卑高下一样，他们对于社会的价值是一样的。

但是，许多父母总希望孩子不去做农夫，而去做作家。这与我们传统的观念，特别是社会的收入分配制度不合理有关。如果农夫与作家都有一样的尊严感，都有一样的收入，都住一样的房子，开一样的车子，可能，我们选择职业就会有不同的出发点了。

最适合的就是最好的。尽可能让孩子找到自己喜欢的职业，在从职业生活中得到乐趣的同时，造福他人，造福社会。而社会，应该尽可能创造平等的机会和工作条件、待遇。

如何选择职业之二：胜任

>> 人的知能，万有不齐，倘若自知明确，择定一种最适于己的职业，自能收十分的效果。原来事务没有胜任的人去干，人没有选宜于己的事务干，勉强牵合，把事务弄糟了，人也气短了，这是个最不经济的办法。我们从事职业，不但当问有益无益，更要紧的是问哪一件有益的事我能不能干。必须自信不疑，知道自己的知能确能担负，然后运用心力去干。这个心力绝无虚耗，无不与社会以良善的效果，无不使施者在物质上精神上得到满足的快慰。

——《叶圣陶集》第5卷，第21页

朱永新解读：

现在的父母，在为孩子选择专业和职业的时候，首先考虑的是哪个专业找工作方便，哪个职业赚钱多、社会地位高，很少考虑孩子是否能够胜任。

叶圣陶先生认为，人的智能是不同的，每个人都有自己适合的岗位。如果不管青红皂白，什么流行学什么，什么热门干什么，结果必然是不仅把“事务弄糟了”，而且把人也弄“气短了”。这种于事于人都不利的选择，其实是愚蠢的。

所以，能不能胜任，至少能不能通过努力以后胜任，应该是选择职业时的一个重要标准。一个永远干不好的活，意味着使一个人痛苦一辈子。

如何选择职业之三：兴趣

>> 一种业务既是我胜任的，往往锲而不舍，终身以之。因为无论何事，习久则精熟，到了精熟的时候，所谓不期然而然，只觉得干这一件事是一种嗜好，一种浓厚的兴趣，并不受他力的逼迫，自然努力起来。兴趣和努力循环不息，社会的进化也永永无已。

——《叶圣陶集》第 5 卷，第 21 页

朱永新解读：

兴趣是最好的老师。学习是如此，工作也是如此。2012 年诺贝尔生理学奖的获得者约翰·格登从小对生物课情有独钟，在学校里养过上千只毛毛虫，看着它们变成飞蛾。但是他的生物课成绩在 250 个男生中是倒数第一，其他理科成绩也垫底。读大学时被古典文学系录取，但他仍然喜欢生物学，所以转系学动物学，后来成为“克隆教父”。在他的办公室里，仍然挂着 60 多年前的那份“差生报告”。

所以，重温叶圣陶的话语，在选择专业和职业的时候，还是多听听孩子的声音吧！可能暂时还不能够胜任，但是如果非常喜欢，坚定不移，不妨给孩子一个机会。

如何选择职业之四：理想的实现

>> 超世间的生活是超人的事。我们所想望的乃是理想和实际一致的生活。我们认为哪一种生活好，总想一蹴而至，竟实现了它，这是我说的理想和实际一致的要求。我们高谈人生究竟和人生真谛，若永远只是抽象的说话，没有具体的事实，于人生实际上丝毫没有益处。从事职业便是人生的究竟的具体的行为，也是理想和实际一致的一个接榫，因为它是一种发展，一种活动。我们的精神生活要直觉它的本体，显出它的作用，总非依托一种业务不可。各个人的精神生活，在各个人的职业上得到着落，否则便是虚玄的想法，无当于实际。

——《叶圣陶集》第5卷，第22页

朱永新解读：

我曾经把教师分为三种类型：把教师作为职业的，主要是把它作为养家糊口的谋生手段；把教师作为事业的，主要是把它作为获取社会承认、实现个人价值的手段；而把教师作为志业的，则是把它作为实现自己人生理想的手段。如果职业能够与自己的志向、与自己的人生理想合而为一，是一个人最大的幸福和幸运。

叶圣陶认为，人的理想总需要在现实的土壤上生根开花的，人的精神生活，需要在每个人的职业生活中得到着落。唯有如此，人才能够充实和快乐。

所以，职业的最高境界，就是在每天的平凡生活中实现自己的人生理想。

如何选择职业之五：共同生活

>> 我们不能离开社会而生活，说到人生，便含有社会的意味，无论物质的一衣一食，精神的一想一虑，都取之于社会，附丽于社会。社会的存在和进化，全赖我们各各从事职业，努力工作。可知从事职业是自主的，创造的，目的在于谋共同生活，不是报谁的恩，偿谁的债。

——《叶圣陶集》第5卷，第20页

朱永新解读：

这是叶圣陶在阐述四条职业新理念之前的一个论述，特别重要。叶圣陶一再强调，“共同生活是最幸福的生活”。尽力于职业，就是共同生活的最重要的“下手方法”。如果仅仅是把职业作为谋生的手段，并以此来回报“人家全我生计的恩”，就不会从职业中得到更大的乐趣。

所以，选择职业，还意味着选择与谁共同生活。如果能够和与自己志趣相投的人在一起工作，即使收入少一些，条件艰苦一些，也不是不可以克服的。幸福、快乐，与喜欢的人共同生活，才是职业最重要的魅力。

艺术始于模仿终于独创

>> 艺术的事情大多始于模仿，终于独创。不模仿打不起根基，模仿一辈子，就没有了自我，只好永远追随人家的脚后跟。但是不用急，凭真诚的态度去模仿的，自然而然会有蜕化的一天。从模仿中蜕化出来，艺术就得到了新的生命——不傍门户，不落窠臼，就是所谓独创了。

——《叶圣陶集》第 5 卷，第 443 页

朱永新解读：

这是叶圣陶为弘一法师的书法写的一篇文章中的一段文字。

弘一法师是书法大家，自成一体，极具独创性。但叶圣陶非常清楚，这种独创是从大量的模仿功夫中蜕变而来的。因为他的亲家夏丏尊先生曾经见到过弘一法师“用了多年的苦功，临摹各体的碑帖”，才最终达到后来得心应手的境界。

亲爱的教师和父母们，培养孩子的艺术才能时，千万不能急功近利。有人曾经分析，没有一万个小时的模仿和练习，任何艺术能力都难以创造真正的奇迹。宝剑锋从磨砺出，梅花香自苦寒来。让我们从简单的模仿开始，为未来的创造做准备。

文艺是精神的雨露

>> 人譬诸花草，文艺就是雨露。人不仅须有物质上的欲求，尤赖有精神上的欲求，才可以向上进取。有时因有精神上的欲求，物质上的欲求随以改进。而可以激起我们的精神上的欲求的，文艺实为最重要的东西。当我们执卷欣赏之际，虽然不过是连缀着的许多文字送人眼里，而实际却在认识人生，感受作者的精神，并振起自己的精神入于向上进取之途。这是人生再重要不过的事情。

——《叶圣陶集》第 9 卷，第 12 页

朱永新解读：

人的成长，其实和花草的拔节并无不同。人是花草，文艺就是阳光和雨露。人其实有两个世界：物质的世界和精神的世界。一个人的世界有多大，取决于这两个世界有多大。相对来说，人的物质世界比较固定，是有限的，能拓展的空间，无疑是精神的世界。一个人能够直接接触的世界总是有限的，所以，通过文字去认识世界，感受人生，是最重要的路径之一。

亲爱的教师和父母们，让孩子热爱文学吧，热爱阅读吧，让孩子在精神的世界遨游吧！文字的背后，是人生，是一个广大无垠的世界！

交朋友的乐趣

>> 青年喜欢交朋友。交朋友的至乐何在？我想莫过于彼此人格的交流。一个人的人格的美质不能分给旁人，可是可以影响旁人；彼此具有美质，彼此互相影响，第一是觉得生命并不孤单，第二，越来越感到“充实之谓美”：这种乐趣，还有什么可比的？有些人朋友尽多，可是并不觉得怎么乐，那大概由于彼此之间没有人格的交流。

——《叶圣陶集》第 6 卷，第 32 页

朱永新解读：

人是社会的动物。一个没有朋友的人，一定会少了许多生活的乐趣。好的朋友是人生的财富，能够帮助你走得更远，飞得更高。

青少年喜欢交朋友，但交怎样的朋友值得关注。如果只是酒肉朋友，只是讲义气的江湖朋友，就没有得到交朋友的真谛。叶圣陶先生认为，只有能够进行人格的交流，把自己美好的人性与对方分享的朋友，才是真正的朋友，才会觉得生命不孤单，才会在交往中充实自我。

与谁为伍，你就会成为谁。亲爱的教师和父母们，在孩子选择朋友的时候，应该用种种方式，帮助孩子尽早懂得这个道理。

最要不得的是冷漠

>> 一个人对旁的人最要不得的是冷漠。冷漠就是无视旁的人，除了自己之外，不见其他。其实就是小说中的鲁滨逊，也还有个礼拜五跟他打伙结伴。人注定是群性的动物，无视旁的人不用说是违反本然。进一步是怜悯。怜悯是把旁人放在眼里了，可是，不免把自己和旁的人分站在两边儿，你过不去，我过得去，你痛苦极了，我还逍遥自在，这么想下去，帮助点儿自然脱不了施舍的念头。

——《叶圣陶集》第 6 卷，第 59 页

朱永新解读：

这是叶圣陶先生 1944 年 8 月 3 日为《新民报》晚刊写的一篇短文中的文字。叶圣陶读到一篇读者的来信，谈到为贫病作家捐款援助不应该有“丝毫的施舍的怜悯的念头”深有感触，写下了这篇文字。他认为，人是一个群居的社会动物，人与人的互相帮助，是人类社会延续与发展的重要前提。

人与人是互相温暖的。与人相处，最要不得的是冷漠，是事不关己高高挂起，是只见自己不见他人。其实，一个冷漠的人，注定自己也会收获冷漠，最终也得不到他人的温暖。

人与人是平等的。因此怜悯虽然比冷漠要好许多，甚至经常被认为是好的品质，事实未必如此。因为怜悯的背后，多少有居高临下的心理，多少有施舍的心态。

亲爱的教师和父母们，让孩子从小就懂得平等相处、尊重他人、助人为乐，这就是教孩子学会了爱，对孩子的社会性发展、对孩子健全人格的形成，具有重要的意义。

好思想好品德需要具体的辨认和行动

>> 我时常想，好思想和好品德只是两个抽象的名词，而够得上这两个抽象名词的，必然是具体的辨认和行动。譬如说，某个孩子真正懂得苍蝇和蚊子对人们的危害，真正懂得蜜蜂和青蛙对人们的好处，他就随时随地扑灭苍蝇蚊子，保护蜜蜂青蛙；对这个孩子，咱们就说他在这一方面有了好思想和好品德。

……

我恳切期待家长和老师节约讲话的功夫，能不讲就不讲，必须讲的时候也只画龙点睛似的点几句；腾出功夫来，在引导孩子自动动脑筋的方面多想办法多花力气。这固然不太容易，要是做得好，却是够孩子一辈子受用的。

——《叶圣陶集》第 11 卷，第 338—339 页

朱永新解读：

思想品德课如何上？怎样才能取得好的效果？叶圣陶先生强调的是两个重要概念：辨认与行动。所谓辨认，就是让学生真正认识事物的本质特征与规律，如搞清楚苍蝇和蚊子到底对人们有什么危害，蜜蜂和青蛙为什么是益虫，对人们究竟有什么好处。所谓行动，就是从知到行，知行合一。为什么？思想品德如果只是停留在辨认的层面，而没有落实到行为上，就没有真正的意义。也正是在这个意义上，叶圣陶鼓励父母和老师“节约讲话的功夫，能不讲就不讲，必须讲的时候也只画龙点睛似的点几句”，而放手让学生自己去思想，去辨识，去行动。

三个『真能』极为重要

>> 学生读课本并非目的，真能懂得事物，真能明白道理，真能实践好行为，才是目的。

这三个“真能”极为重要。学生果真“真能”了，才是真正受到了教育。另外一种情形，要是学生能把课本读熟，考试的时候能按课本对答无误，可是跟三个“真能”却有或大或小的距离，那就成问题了。问题是学生在受教育的意义上有或大或小的亏缺。所以致此，或由于课本的编写失当，或由于教师的教学欠妥，或则二者兼之。因此，我诚恳地祝愿编者和教师，你们在编写和教学的时候务必注意到学生的三个“真能”，同时还要注意到引导学生向自学方面进展，终身做得到三个“真能”。

——《叶圣陶集》第 11 卷，第 352 页

朱永新解读：

读书本身不是目的，通过读书能够懂得事物、明白道理、实践好行为才是目的，也才是叶圣陶所说的“真能”。所以，哪怕熟读了课文，考试考满分，如果做不到“真能”，也是无济于事的。如此，就要反思我们的教育教学是否有缺陷，我们的课本是否有问题。他希望，从编写教材开始，就要有这样的思考。这样才能从学生的本位，做到“真能”。

『教』『学』『做』要合在一起

>> 听讲，听讲，一辈子的听讲，记诵，记诵，一辈子的记诵，书本，文字，书本，文字，永远离不开书本，文字；将来出了学校，除开从政和当教师以外，做旁的事差不多都得从头学起；这是不是现在教学情况的最简略的素描？受不到教育的青年当然是倒霉的，而在这般教育实况中讨生活的诸君，又何尝不倒霉！

有少数的教育家觉悟了，如一平先生文中所提及的四存中学、求知中学和艺文中学，他们的主持人是可以感佩的。他们把“教”“学”“做”合在一起，让精神劳动和体力劳动互相调剂，不叫学生专门在听讲、记诵、书本、文字上做工夫，其最低限度的效果当是“养成手脑兼用的青年”。如果在真个有组织的社会里，自然可以更进一步；社会需要各色各样的人材去干各色各样的事业，就在各色各样的事业上教育许多的青年，让他们一一深造，得到了学问也练成了技术。

——《叶圣陶集》第 12 卷，第 66—67 页

朱永新解读：

“教”“学”“做”合一，是陶行知生活教育思想的重要内容。显然，叶圣陶先生也是非常认同和赞成这个思想的。他反对单纯的听讲、记诵，反对从书本到文字的循环往复，而是主张把精神劳动和体力劳动紧密结合起来，“养成手脑兼用的青年”。这是因为，未来的社会，需要的是活生生的手脑并用的人才，能够去干各式各样的事业的人才。所以，他支持和鼓励那些觉悟了的教育家，为他们的探索加油。

学生所要求的是生活经验

>> 学生所要求的是知识，说得更切实一点，那便是生活经验。生活经验不是随便谈谈随便听听就可以取得的。必须把外界的一切融化在我们的生命里，使我们的生命丰富而有所作为，才算真个取得了生活经验……读教科书并不是进学校的最后目的，最后目的乃在取得生活经验。必须一方面依据教科书上所定的纲领，一方面不忘记和“杂然并陈”的外界的一切打交涉，这个最后目的才可以达到。仅仅知道一些文字记录下来的纲领，此外再不做什么工夫，那是绝对不行的。

——《叶圣陶集》第 12 卷，第 101 页

朱永新解读：

“纸上得来终觉浅，绝知此事要躬行。”在叶圣陶先生看来，学生读书学习的最重要的目的，不是熟读教科书的文字，然后谙熟心中，在考试的时候和盘托出，而是要把教科书上的文字与学生的生命体验和生活经验紧密地结合起来，不忘记和“杂然并陈”的外界的一切打交道，不忘记把外界的一切“融化在我们的生命里”，使师生的生命“丰富而有所作为”，才算真个取得了生活经验，才算是教育取得了成功。也就是说，教育是以解决生活问题为出发点的，是以帮助生命成长为出发点的。

记诵的东西要融化在生活里

>> 我国真正的学者都看不起记诵之学，因为学问是个人分内的事，为己的事，记诵之学却移到外面去了。这并不是说不要多记诵，乃是说记诵不过是个开端，跟着就得把记诵的东西融化在生活里，成为精神上的血肉，唯其如此，记诵一分就得一分益处；若认记诵为终极的目的，不使他跟生活发生关系，那就记诵虽多，无多益处。

——《叶圣陶集》第 12 卷，第 181—182 页

朱永新解读：

《学记》说过："记问之学不足以为人师，必也其听语乎！"意思是说，记诵书本，以资谈助和应答问难，是不能够融会贯通，不成体系的。叶圣陶先生秉承了中国教育传统对"记诵之学"的认识，认为它只是学习的初级阶段，"不过是个开端"，要在记诵的基础之上融会贯通，把记诵的知识融化在生活里，"成为精神上的血肉"，这样的记诵才真正有了意义。否则，知识归知识，生活归生活，学了没有用，就是一场空。

受教育跟处理生活

>> 中等教育的目标不外乎给予学生处理生活的一般知识，养成学生处理生活的一般能力，使他能够做一个健全的公民。依照教育学者的说法，话决不会这么简单；他们罗列各派的学说，比较各国的国情，一下子一章，再一下子又是一章，可以写成一本很厚的书。但是说来说去，总脱不出这一句简单的话的范围。

……

我们学的虽然是公民、卫生、国文、算学等等科目，而实际生活里并没有这些科目，只有一桩桩一件件的事情。事情临到我们的面前，我们要能综合地运用这些科目去处理，那才是真个取得了知识，历练了能力。如果徒然记住在心里，写在笔记簿上，临到事情还是茫然失措，那就等于没有受什么教育，我们决不肯这样耽误了自己。

——《叶圣陶集》第 12 卷，第 81—82 页

朱永新解读：

这段文字，再次全面深刻地阐释了叶圣陶的生活教育思想。这一点上，他与陶行知先生的生活教育思想是息息相通的。首先，他明确指出，中学教育的目标，就是传授给学生处理生活的一般知识，养成学生处理生活的一般能力，使学生能够做一个健全的公民。虽然围绕这个目标可以写成许多鸿篇巨著，但是根本目标不外乎此。记住了这个目标，就不会“买椟还珠”，不会“舍本逐末”。中学的所有学科，都是为了

实现这个目标做准备的，其实，这些学科在实际生活中是没有的，如果只是为学习而学习，只是把这些学科知识“徒然记住在心里，写在笔记簿上，临到事情还是茫然失措，那就等于没有受什么教育”，这样的教育，一定是误人子弟的。

德目与实践

>> 德目不该是挂在口头的语言，写在纸面的文字，而该是贯彻一切行为的态度和精神…… 种种德目都是外在的东西，虽然美好，对于自身并无受用之处。能够实践，自身便是德目的化身，才是真实的受用。所以，七分八分的想和说，不如一分二分的实践；当然，能做到七分八分乃至十分的实践尤其好。

——《叶圣陶集》第 12 卷，第 165—166 页

朱永新解读：

德目，是道德教育的内容，道德行为的指南。如尊老爱幼、热爱劳动、遵守纪律，这些不是写在纸上的道德条文，而应该是落实在自己的行为上，落实在自己处理各种人际关系的过程之中。一句话，德目不是说出来的，而是做出来的。一个行动胜过一打宣言，“七分八分的想和说，不如一分二分的实践”，所以，引导学生躬行道德实践，显得非常重要。

>> 教学生学习图画，在于使他们精密地观察物象，辨认形象的美和丑，和谐和凌乱，并且能够把所见所感的约略地记录下来。教学生学习音乐，在于使他们能用声音表达出感情和意志，尤其当合奏合唱的时候，个体融和在群体之中，可以收到人格扩大的效果。这些看法似乎不怎么重要，其实非常重要，好像没有什么实益，其实有广大的实益。如果学生既能了解又能实践，就个人说，就将终身受用不尽，就社会说，就是进入美善的一个重要因素。这是最浅近的常识，主持教育的人不应该不知道。而现状却是大多数人看轻艺术学科，认为可有可无，我不能不抗议……艺术教学若不改革，教育即使进步到理想的境界，总之还缺少一角，算不得完全。

——《叶圣陶集》第 11 卷，第 181—182 页

朱永新解读：

针对社会上普遍不重视艺术教育的问题，叶圣陶先生也是反复呼吁，他认为，艺术教育的目的其实不是培养艺术家，而是培养艺术思维与艺术创造能力，培养合作精神与沟通能力。如教学生学习美术，不是简单为了培养画家，而是让学生学会“精密地观察物象，辨认形象的美和丑，和谐和凌乱，并且能够把所见所感的约略地记录下来”。教学生学习音乐，也不是为了培养音乐家，而在于使学生“能用声音表达出感情和意志，尤其当合奏合唱的时候，个体融和在群体

之中，可以收到人格扩大的效果”。所以，艺术教育其实是无用之大用，那些看不起艺术教育，把艺术教育弄得可有可无的人，是最不懂得艺术教育的意义的，因此也是最不懂得教育本身的意义的。

儿童说话训练的重要性

>> 我现在想说出一个意思，就是小学校里应当把训练儿童说话这件事看得极其重要。这不但是国语科的事，也不单是国语教师的事，应当是各科里都要注意的事，是全体教师都要注意的事……情感固然动于内，而正动之际每每要表于外，这是一。要培养儿童的情感固然在大人对于儿童有浓厚的情感，而尤在大人能利用适当的工具来表示他们的情感，这是二。儿童的情感正被培养，同时要使他们能利用适当的工具来表于外，感受满足的快适，这是三。所谓适当的工具，当然语言独占重要，因为它最能把人与人的心联锁起来。内面的情感并不浓厚，徒然求之于外面的语言，诚然是没有效果的事。但不常利用表示于外的工具，渐使内面的感动因向来不感满足的经验而减弱，终于漠然不大起感动，却是可能的。

——《叶圣陶集》第 13 卷，第 16—18 页

朱永新解读：

语文教育，听说读写都很重要，在一定意义上，听说比读写还要重要，因为听说与我们的日常生活更加靠近，与我们处理人际关系更加相关。不善于倾听，不仅不能够理解别人讲话的内容与含义，而且会造成许多误会。不善于说话，不仅不能够准确表达自己的意见，而且容易让别人不知所云，或者理解错误。当然这并不意味着读写不重要，而是说，听说读写在语文教育，乃至于所有学科教学中都应该放到特别重要

的位置上。

在这段文字中，叶圣陶先生讲述了说话训练在教育中的意义和价值。他认为，训练说话不仅仅是语文老师的事情，而且是各门功课老师的共同责任，“是全体教师都要注意的事”。这是因为，语言是表达思想和情感、人际沟通的重要工具。如果没有人与人畅通的语言交流，就不能够“把人与人的心联锁起来”。也正是由于这个原因，新教育实验在20年前就提出了“培养卓越口才”的行动项目，近年来新阅读团队又研发了童喜喜口头作文和说写训练的课程，就是希望把说话教育放到重要的议事日程上来。

儿童需要诗的涵养

>> 音乐和曲谱方面且不说，单说歌辞。我以为儿童的歌辞浅明固然是必要，但绝不就是随便说几句话，一样要具备文艺家创作的情思和诗的精神。诗是何等可贵的东西，它能使我们每一个细胞活动而有兴趣。小孩是将来的人，他们尤其需要诗。若他们在学校里唱的全是美妙的诗篇，经这等浸渍似的涵养，一定有几许未来的伟大的艺术家在里面。这不是我们所企望而应当尽力的么？

——《叶圣陶集》第 9 卷，第 30 页

朱永新解读：

儿童是天生的诗人。从童谣、儿童诗，到五言诗、七律诗、现代诗，诗歌独特的韵律感、音乐性，诗歌的想象力、意向性，是天然地属于儿童的。诗歌和音乐都能够培养儿童的灵性、创造性和想象力，能够淬炼儿童的语言和文字。叶圣陶先生说，“诗是何等可贵的东西，它能使我们每一个细胞活动而有兴趣”，堪称把握了诗词的精义。每个父母和老师要记住：儿童需要诗的涵养。

让儿童真正实践勤于思考

>>《小学生守则》的第三条是“专心听讲，认真完成作业”。《中学生守则》的第三条是“专心听讲，勤于思考，认真完成作业”。……《中学生守则》里的“勤于思考”一语，单看没有问题。如果跟《小学生守则》对照着看，可能有人会想，小学生程度还低，所以不必要求他们勤于思考，中学生程度比较高了，才要求他们勤于思考。假如这样理解，那就不合乎教育的道理了。我想，非但对小学生，就是对幼儿园的儿童，也要训练他们勤于思考。——勤于思考是抽象的话，必得让孩子们在种种具体的活动中历练，他们才能真正实践勤于思考。

——《叶圣陶集》第 11 卷，第 276—277 页

朱永新解读：

叶圣陶先生比较了当年的《中学生守则》和《小学生守则》，发现其中第三条稍不一样的细微之处就是中学生多了“勤于思考”四个字。叶圣陶认为，这并不是意味着小学生不需要“勤于思考”，中学生程度比较高了，才要求他们勤于思考，相反，“勤于思考”是包括幼儿园阶段在内的所有阶段都必须努力做到的。因为，我们的教育，不仅仅应该让孩子们知道去做什么，更应该让他们知道为什么要这样去做。让学生学会思考，比简单地行动更为重要。当然，在不同的阶段，教育的侧重点不同，幼儿园和小学，学生善于模仿，当务之急是培养他们良好的行为习惯。

实验的价值是难以计量的

>> 实验的价值也是难以计量的，它叫你得到关于某一原理，某一现象的真实知识；同时又磨练你的思想能力，使更善于观察事物，立定假设，证实假设。

——《叶圣陶集》第 12 卷，第 31—32 页

朱永新解读：

实验，是科学研究的基本方法之一。按照科学研究的目的和假设，尽可能地排除无关的变量，突出主要因素并利用一些专门的仪器设备，而人为地变革、控制或模拟研究对象，使某一些事物（或过程）发生或再现，从而去认识自然现象、自然性质和自然规律。科学实验，是科学家观察、思维的重要方法。对于中小学生来说，虽然主要任务往往不是发现未知世界，但是学会科学实验，像科学家那样去“观察事物，立定假设，证实假设”，是非常必要的。

第六章

童书是儿童的精神食粮——阅读教学论

导语

书是人类知识经验的仓库，阅读是一个人认识外部世界最高效的办法，也是一个人接受知识最主要的路径。阅读有三个基本问题：为什么读？读什么？怎么读？“写作基于阅读。老师教得好，学生读得好，才写得好。”阅读不仅仅是个体的事情，对于提高民众素质、振奋民众精神、提高国家实力同样具有重要的意义。教师首先要“下水”多读书，在给予学生阅读自由空间的同时，要对他们进行阅读指导，帮助学生选择优秀和经典的作品，这样才会“见得广，懂得多，心旷神怡”。少年儿童的课外阅读书要生动有趣，这些书内容比课本丰富，写法比课本生动，阅读之后不仅能够巩固课堂所学，而且可以增强求知欲望。“现代学生应该读些古书”，因为这些古书曾经培育过我们的祖先。阅读需要集中心思，做好笔记；要多揣摩，体会言外之意；要抱着批判的态度，在现实生活中体察和磨练；不仅是能够听得懂老师的讲解，更重要的是能够形成独立读书的能力。

在学校必须养成阅读能力

>> 国文教师的任务，一般人不大肯想，只觉得茫无涯岸；其实也很明白，只要指导学生，使他们能够阅读，能够写作，就可以俯仰无愧了。这儿单说阅读。学生一辈子要看各种的书，所以在学校必须养成阅读能力。听老师讲过了才明白，这不能算有了阅读能力。必须自己看明白，不含糊，不误会，不但字面的意义了悟无疑，就是言外的意义也体会得出，这才算有了阅读能力。学生这种能力不是一朝一夕所养成的，全赖教师给他们引导，譬如小孩子走路，起先是牵着手走，随后是放了手，可是做着手势跟住他，最后才让他自个儿向前走去，教学国文的方法，细说起来虽然头绪繁多，若能认定一点，使学生渐渐能够自己看书，也就把握住了要领。

——《叶圣陶集》第 11 卷，第 173 页

朱永新解读：

记得苏霍姆林斯基曾经说过，无限地相信书籍的力量，是他的教育信仰的真谛之一。新教育实验这些年的实践则反复证明，阅读能力的培养，不仅是学校教育最重要的任务，也是家庭教育最关键的任务。虽然学习不仅是阅读，但是，阅读是一个人认识外部世界最高效的办法，也是一个人接受知识最主要的路径。自学的能力，在一定程度上就是阅读的能力。阅读能力，不仅是能够认得书上的字，更重要的是能够理解字外的意义；不仅是能够听得懂老师的讲解，更重要

的是能够不需要讲解就可以自己看懂。

所以，亲爱的教师和父母们，和孩子一起阅读吧，帮助孩子养成阅读的兴趣和习惯吧，不要期望等到孩子上学，把阅读能力的培养交给老师。只有父母与老师合力，才能挖掘出孩子更大的潜力。

>> 我并不是因为自己写过些小说，就把小说看作宝贝，以为非叫学生看不可。我也不像有些学生那样，认为一切学科一切作业都可以丢在脑后，只消捧一本小说在手，就可以混日子。我只想说，小说在教育上自有它的价值，教育者应该好好的利用它，以收教育上的效果；不好好的利用它，随学生去乱看，这是消极的办法，我不赞成；见学生乱看，觉得讨厌，干脆来个禁止，这是更消极的办法，我更不赞成。

……

好的小说都有充量的文艺性。所谓文艺性，粗浅的说，就是它不但教人"知"，而且教人"感"；不但教人看了就完事，而且留下若干东西，教人自己去思索，自己去玩味。"感"比较"知"深入一层；"知"是我与事物对立，以我"知"彼；"感"是我与事物融合，彼我不分。再说留下若干东西，教人自己去思索玩味，这就是所谓弦外之音，食余之甘，比较弦停音歇，食尽味绝，受用处自然多些。

……小说不偏于逻辑的境界，记认的境界，道德的境界，等等，它直接触着人生，它所表现的境界是个有机体，以人生为它的范围。青年人读了许多小说，吸收了许多好的意思，获得了许多人生经验，因为那些意思与经验都是通过了作者的精神的，青年人渍染既久，其精神也就渐趋高深，即使不能与作者并驾齐驱，至少也会与作者同其倾向。青年人的精神与出色的作者同其倾向，不正是教育所求的效果吗？

——《叶圣陶集》第 11 卷，第 170—172 页

朱永新解读：

1944 年 3 月，一群学生向叶圣陶反映他们学校禁止读小说的事情。于是，叶圣陶先生给这所学校的语文老师写了一封信，谈了小说的教育价值，以及如何引导学生读小说。

禁止读小说，虽然在我们的学校不太会明目张胆地进行了，但是也有一些学校是限制学生阅读文艺作品的，他们用大量的作业，占据了学生所有的时间与空间，自然无法阅读。也有许多家庭不让孩子读小说，认为读这些“闲书”对于学习有害无益，会耽误孩子的学习。

叶圣陶明确告诉老师和父母，小说其实是学习人生经验和人生价值的好教材，是真正能够打动人心、感动孩子的好故事，对于人的精神成长具有不可或缺的作用。

因此，关键不是要不要让孩子看，而是如何选择那些优秀的小说，经典的作品，让孩子在有限的时间里得以被最伟大的作品熏陶。

读书忌死读

>> 读书忌死读，死读钻牛角；矻矻复孜孜，书我不相属。活读运心智，不为书奴仆；泥沙悉淘汰，所取唯珠玉；其精既在我，化为血与肉。斯得读之用，书可束高阁。外此复有说，读书岂云足？尚有若干书，犹为经写录，或由理未明，或由未见熟；此虽不名书，并宜萦心目。庄云知无涯，无涯宁退缩？伟哉唯人类，搜索永相续。

——《叶圣陶集》第 8 卷，第 444 页

朱永新解读：

这是 1980 年叶圣陶先生应好友贾祖璋之邀，为福建省的科普刊物写的两首关于读书的诗词之一。叶老与贾老是多年的好友，仅 70 年代到 80 年代初，他们的通信就多达两三百封，后来还出版了通信集。

这首诗，顾名思义，就是反对死读书的。死读书、读死书、读书死，是许多教育家对书呆子的讽刺。读书的要义，是能够取其精华去其糟粕，能够灵活运用化为血肉。

人生而有涯，知而无涯。在浩瀚的知识海洋面前，不应退缩，而要扬帆远航。所以，读书的最高境界，是活读书，读活书，读书活，运用自己的心智去探索书中已明未明之理，而不是成为书本的奴隶。

善读无字书

>> 善读未写书，不守图书馆；天地阅览室，万物皆书卷。知常与察变，齐下操双管，心之官则思，至理终必阐。缅怀达尔文，早岁抱宏愿，航海历诸州，动植兼究探；同中乃有异，其异何由判？又复考化石，于焉察古远；从知简趋繁，生命实一贯。辉煌进化论，厥功达翁冠；教宗神异说，一一如冰涣。神益于人类，其量宁可算？

——《叶圣陶集》第 8 卷，第 444—445 页

朱永新解读：

这是叶圣陶读书二首的另外一首，讲了读无字之书的重要性。

读书，有各种形式。读纸质图书当然是最主要的一种读书方式，但是中国古代一直强调“读万卷书，行万里路”，行路，实践，则是另外一种阅读。在现代，看电影，上网络等，也是另外的阅读。虽然这些无法取代纸质阅读，但也是获取知识的重要来源。

纸上得来终觉浅，绝知此事要躬行。无论是达尔文提出进化论，还是哥伦布发现新大陆，这些都不是关在书斋里面能够成就的大事业。

读无字书与读纸质书一样，也是需要用心思的，也是需要发挥“心之官则思”的作用，去发现现象中的本质，阐明事物的内在道理的。

亲爱的教师和父母们，让孩子在读书与游戏中成长吧，让孩子在游历和探索中发展吧。有字书和无字书，两种阅读不可偏废。

读书有时候需要『抄书』

>> 一目十行下，或吞囫囵枣；一字莫遁逃，还是抄书好。陶不求甚解，岂谓竟草草？何由毋草草，抄书径可蹈。提笔意始凝，并驱手共脑，徐徐抄写之，徐徐事究讨。细嚼得真味，精鉴乃了了。瑾瑜固惬心，瑕亦辨微小。此际神完固，外物归冥邈，罔觉渐移晷，不闻当窗鸟；佳境良难状，其甘只自晓。同好且过我，诗成寄伯老。

——《叶圣陶集》第 8 卷，第 322 页

朱永新解读：

叶圣陶先生在学生时代就喜欢抄书，“文革”期间更是以抄书作为日常的消遣。他的中学同学、好友王伯祥先生也有类似的习惯和兴趣。所以，1971 年叶圣陶先生完成这首诗的时候，首先想到的就是“寄与观之”，与好友分享。

叶圣陶反对读书一目十行，囫囵吞枣。如何才能够集中精神读书呢？他认为抄书是一种有效的办法，因为拿起笔来，注意力就会凝聚，真正的思考才会开始。

宝剑锋从磨砺出，梅花香自苦寒来。真正的大学者，都是下过苦功夫的。抄书这样的“笨办法”，是过去学者经常采用的。因为在抄写的过程中，一个字也不能够“遁逃”过去，书中的精华也才能够清清楚楚把握。现在，我们当然不一定要求孩子抄书了，但是阅读时用笔做记录、摘抄，写一些心得体会，对于更好地掌握书中的内容，无疑是有帮助的。

读书的三种态度

>> 读书有三种态度：一种是绝对信从的态度，凡是书上说的话就是天经地义。一种是批判的态度，用现实生活来检验，凡是对现实生活有益处的，取它，否则就不取。又一种是随随便便的态度，从书上学到些什么，用来装点自己，以便同人家谈闲天的时候可以应付，不致受人家讥笑，认为一窍不通。

顽固的人对于经书以及笼统的所谓古书，是抱第一种态度的。他们或许是故意或许是无心，自己抱了这种态度，还要诱导青年也抱这种态度。青年如果听从了他们，就把自己葬送在书里了。玩世的人认为无论什么事都只是逢场作戏，读书当然不是例外，所以抱的是第三种态度。世间唯有闲散消沉到无可奈何的人才会玩世；青年要在人生的大道上迈步前进，距离闲散消沉十万八千里，自然不会抱这种态度。青年应当抱而且必须抱的是第二种态度。要知道处理现实生活是目的，读书只是达到这个目的许多手段之一。不要盲从"开卷有益"的成语，也不要相信"为读书而读书"的迂谈。要使书为你自己用，不要让你自己去做书的奴隶。这点意见虽然浅薄，对于被围在闹嚷嚷的读书声中的青年却是有用的。

——《叶圣陶集》第12卷，第89—90页

朱永新解读：

关于读书，叶圣陶先生有许多重要的观点。1935年4—5月，各地举行了许多读书的活动，报刊上也

有许多指导读书的文章。但是，在“九一八”以后，主张读书救国，多少有点不合时宜。叶圣陶的这篇文章，就是在这样的背景下写的。他认为，读书固然重要，但更重要的是“拿出自己的一份力量来对付国家的厄运”[①]。

叶圣陶把读书的态度分为三种：一种是盲目信从，一种是批判审视，一种是装潢门面。第一种态度就是全盘相信书中的内容，把书上的内容奉为圣旨。如果这样，年轻人就必然要把自己葬送在书中。第三种态度是把读书作为谈话的资本、炫耀的材料，不是为了真正地应用于生活。这样也就会逢场作戏，过于随便。只有第二种态度才是正确的选择，这就是要学会批判性审视。书中的内容要与现实生活互相参照印证，生活才是读书的最高目的。

因此，我们一方面要鼓励孩子阅读，另一方面，要教孩子学以致用，把读书与生活紧密联系起来。

---

① 《叶圣陶集》(第 12 卷)，第 89 页。

尽信书不如无书

>> 学生在阅读课外读物的时候也应该明白，写在书上的东西并不是完全可以信赖的。阅读固然要认真，但是尤其重要的是要抱着批判的态度，要区别哪些是应该接受的，哪些是不该接受的，不能“照单全收”。不加区别地“照单全收”绝对不是妥当的读书方法，也不能提高自己的识别力。那末批判用什么作为标准呢？我想，用“此时”“此地”来作标准，大致不会出什么错。凡是跟“此时”“此地”相适应的，大概是可取的，当然还得经过实践的检验；凡是跟“此时”“此地”不相适应的，一定是不可取的，至多只可以供谈助而已，决不能作为自己的行动方针和生活目标。

——《叶圣陶集》第 11 卷，第 112 页

朱永新解读：

尽信书不如无书，这是古人对于阅读的一种态度。读书需要带着怀疑的眼睛，批评的态度，那种人云亦云、照单全收的态度，只能培养储存知识的“两脚书橱”，而不能够灵活地加以运用。

所以，“读书贵疑”，学问学问，贵在发问，问，就是怀疑、质疑，去除疑问的过程，就是学问长进的过程。那么，用什么作为批评的标准呢？叶圣陶先生提出了“此时”与“此地”的时空观，也就是说，要把书本上写的东西，放到现在的时间和空间背景下重新审视。过去对的，现在不一定对；人家那里对的，不一定适合我们这里。

教师和父母们在引导孩子读书时，不妨也注意培养提问的习惯、批评的态度，鼓励孩子挑战书籍。

读书的时间从哪里来？

>> 阅读课外读物，首先不能不谈到时间问题。中学里科目繁多，各科的教科书和讲义都得在课外温习，还有笔记和练习等作业得在课外做，要划出充裕的时间来阅读课外读物，事实上是办不到的。上一次我说过了，阅读课外读物可以养成随时读书的习惯，这就要每天阅读，持之以恒，时间少一点儿倒不妨事。有的书读起来并无困难，一个钟头可以阅读一万字，即使要费点儿心思的，一个钟头也可以读五千字。就以五千字算吧，一本十万字的书，每天读一个钟头，二十天就可以读完。二十天读一本书，一年不就可以读完十八本吗？从初一到高三这六年里年年如此，不就可以读完一百零八本书吗？这就很可观了。一年里头还有两个不短的假期，暑假和寒假，都是阅读课外读物的好时机，假如每天读三个钟头，这不算太多吧，两个假期合起来作为八个星期计算，就有一百六十八个钟头，至少可读完八本书，六年又是四十八本。所以时间并不是不充裕，只要坚持不懈，成绩是很可观的。

——《叶圣陶集》第 11 卷，第 112—113 页

朱永新解读：

经常有人说，孩子们学习负担已经够重了，哪有时间读书？那么，看看叶圣陶先生的这段文字吧！

鲁迅先生曾经说过，时间就像海绵里的水，挤挤总还是有的。许多埋怨没有时间读书的人，如果把自

己每天的时间统计分析一下，就会知道，浪费的时间是非常之多的。看电视，不知不觉几个小时就会飞逝；上网络，稀里糊涂半天就过去。更不要说与朋友侃大山、打麻将了。

关键是，你把什么事情放在最重要的位置上。如果你认为读书是最重要的事情，那么你一定会为自己找到阅读的时间。每天挤出半小时一小时，休息日挤出两三个小时，对于一般的学生还是能够做到的。在我们许多新教育实验学校，小学生毕业时阅读量超过1000万字的也大有人在。

所以，亲爱的教师和父母们，和孩子一起阅读吧，每天哪怕挤出10分钟，也非常有意义！孩子一旦喜欢上阅读，他就会主动寻找阅读的时间，他将因此拥有一个新的世界！

养成查阅工具书的习惯

>> 无论读哪一类书，都必须使用工具书，如字典、辞典、图表等等。要知道一个字的精密的解释，一个词语的正确的含义，就得翻查字典和各科辞典。要知道一个地方的正确位置，就得翻查地图。要知道各种东西的实相，就得翻查各种图谱。要知道一个人物的经历，一件事情的概要，就得翻查年谱和大事表。工具书是不开口的顾问，会回答你的各种疑难；工具书又是包罗万象的博物馆，能让你查考各种想知道的事物。个人要置备所有的工具书是办不到的，你得尽量利用学校图书馆和公立图书馆里的工具书。在阅读各种课外读物的同时，你得熟悉各种工具书，养成查阅工具书的习惯。

——《叶圣陶集》第11卷，第114页

朱永新解读：

在叶圣陶的时代，还没有网络，没有百度、谷歌等现代搜索技术，所以必须利用各种各样的工具书。字典和词典、年谱和大事年表、图谱和百科全书，等等。

现在，各种各样的工具书越来越电子化了，甚至诸如《大英百科全书》这样传统权威的工具书，也已经只出版电子版了，但是，学会搜索查证，仍然是读书的重要方法。

读书的过程是一个建构的过程，是原有知识体系与现在学习的知识之间建立有效联系的过程，及时弄清楚新的知识，无论是一个生字、一个词汇，还是一个典故、一段历史，对于正在学习的学生有着重要意义。这些疑惑，就像拦在前行道路上的一个个障碍物，搬掉它，就能一步一个脚印，走得更稳更远。

工欲善其事，必先利其器。教师和父母们应该帮助孩子学会使用各种工具书，掌握运用网络查询知识的基本技能。

>> 有的书比较容易读，读起来用不着花多大的力气，有的书比较艰深，读起来并不怎样松快。但是无论什么书，都不能让眼光像跑马似的溜过就算，一定要集中心思，把注意力放在书上。这是第一。第二，一口气直往下读，不如每读一段，稍稍停一停，回过头去想一想这一段主要说了些什么。一口气往下读往往不能消化，好像囫囵吞枣一个样；停下来想一想就像咀嚼一个样，才能辨出真的滋味来。对于第二类和第三类的课外读物，尤其需要下这个功夫。第三，想到了什么，不妨随时提起笔把它记下来，这就是读书笔记。想的时候往往比较杂乱，比较浮泛；写下来就非有条有理不可了，非切切实实不可了。所以写读书笔记是督促自己认真阅读的一个好办法。读书笔记或者采用列表的形式，或者采用杂记的形式，可以根据所读的书的性质而定。

——《叶圣陶集》第11卷，第114—115页

朱永新解读：

读书如何才更加有效？中国古代学者有许多精彩的论述，如朱熹的《朱子读书法》就曾经提出过循序渐进、熟读精思、虚心涵泳、切己体察、着紧用力、居敬持志等方法。

叶圣陶先生在这里主要讲了三种方法，一是集中心思，细读慢品，不能够浮光掠影，一目十行；二是边读边思，停停想想，不能够囫囵吞枣，放马平川；

三是读读写写，及时记笔记，笔记是思考的真正开始。新教育实验提倡对名著应该“啃读”，讲的也是这个道理。当然，一般的书籍，快速地浏览也不是不可以，简单掌握书中的内容也是一种方法。但是，对于那些解决根本问题的根本性书籍，则需要细嚼慢咽，需要进行深度的聆听、对话、批评、质疑，所以，读书笔记是一种行之有效的办法。

叶圣陶先生还提出，好的读书方法能够提高阅读的成效，起到“事半功倍”的作用，如注意阅读书的序言、后记等，对于快速了解书的内容就十分有益。

所以，教师和父母们不仅要重视孩子的阅读，而且要教给孩子正确的读书方法，帮助他们提高读书的效率。

童书是儿童的精神粮食

>> 儿童读物，群号为“儿童精神之粮食”。此名取义至当，用字甚确。盖所谓食品者，有珍错之供，嗜好之味，是皆非恒人所易致，进之且未必有裨于营养。今云粮食，悉摈此类而专举禾黍。禾黍为养生所需，无问贫富，日必资之，比喻儿童读物，弥复相似。纵父母不尽购读物以饷儿童。而穷乡僻壤，苟有一廛之学校，即见儿童读物之纵踪。儿童作息歌呼而外，展卷讽习，智慧于焉开展，性习于焉型成。儿童读物诚儿童之“粮食”，非糖果鲜橘水比也。

——《叶圣陶集》第 11 卷，第 62 页

朱永新解读：

1935 年 8 月开始，是所谓的儿童年。儿童年，为孩子们出版一些优秀的儿童读物，是天经地义的事情。儿童精神世界的充盈，是需要精神食粮的。只有“品质纯良之精神粮食”[①]，才能够使儿童的习性智慧得到“适度之营养”[②]。

是的，一个人的精神发育史就是他的阅读史。正如人的躯体的发育需要必要的食物一样，精神的成长同样需要必要的食物，那就是基本的图书。躯体的发育需要的基本食物不是山珍海味等高档奢侈品，而是基本的五谷杂粮。同样，影响人的精神发育的书籍，

① 《叶圣陶集》（第 11 卷），第 65 页。
② 《叶圣陶集》（第 11 卷），第 65 页。

也应该有一个基本的书目。这也是我们研制《中国幼儿基础阅读书目》和《中国小学生基础阅读书目》的目的所在——为孩子们精选那些最经典的童书，为他们精神世界的充盈，打下最美丽的底色。

\>> 儿童读物固商品也，顾寻常商品，犹必期购者之适用，况儿童读物为儿童精神之粮食，能草草为之“出门不认货”耶？为小学教师未必易于设教大学，即可知编撰儿童读物未必易于传世之述作，名山之事业。不幸此基本观念为著作家出版家所忽视。若辈唯求产量之多，成货之速，遂令花花绿绿灿烂于书柜者，实乃同于无物，且甚于无物之读物。举其缺失约有数端。皇帝公主，摇笔即来；神仙鬼怪，连篇皆是；诡谋售欺，妄云智慧；行一小善，便致富贵；以异弱为美德，视力作为苦役……凡此之类，皆不适于当今之世，尤非宜于我族此日之儿童，不幸儿童读物中往往遇之：此意识不纯之弊也。布局简拙，观片首而揣知结尾；立言空泛，虽终卷而弗留印象。儿童爱活动，喜变化，厌接浮谈，愿亲实迹。儿童读物不足以满其志，遂顾而之他，街头巷口累累陈列之连环图画，教育专家群以鸠毒视之者，转为儿童之恩物：此技术不修之弊也。造语遣辞，或违于名理；集言成文，或乖于语法；或杂乡土俚言，非他方人所克解；或竟信笔构句，非我国人所宿习，漫云仿效儿童口吻，实则儿童决无此语言。儿童久而习之，语言思维遂趋歧途，不特语文教学横生阻碍，各科教学亦皆蒙受其影响：此文字不当之弊也。

——《叶圣陶集》第 11 卷，第 63—64 页

朱永新解读：

针对儿童读物出版的乱象，叶圣陶给予了严谨的分析和严肃的批评。在内容上，有许多不适合儿童阅读的作品问世，充满了帝王将相、妖魔鬼怪，宣传了错误的观点，如行一点小善就导致富贵、把劳动作为苦役等。在结构上没有新奇感，“观片首而揣知结尾；立言空泛，虽终卷而弗留印象”。在语言上也粗制滥造，成人化味道太浓，诗歌也毫无童趣童真，如什么“红花开，蝴蝶来”“起得早，学体操。身体好，志气高”[①]，等等。至于插图，更是乏善可陈，“难言妙肖”[②]。

叶圣陶先生认为，儿童读物是儿童的精神粮食，绝对不能够马马虎虎，粗制滥造。他希望著作家和出版家能够真正有觉悟，“先立基本概念，儿童读物必须郑重出之”[③]，心平气和做出精品。希望从儿童年开始，好好改善儿童读物，这是真正的造福儿童之举措。

这番话，叶圣陶先生是对著作家和出版家说的，对教师和父母也具有很强的参考价值。当下的儿童读物市场上，仍然是鱼目混珠、良莠不齐，所以，慎重选择给孩子的书籍，也是教师和父母不可推卸的责任之一。

---

① 《叶圣陶集》(第 11 卷)，第 64 页。
② 《叶圣陶集》(第 11 卷)，第 64 页。
③ 《叶圣陶集》(第 11 卷)，第 64 页。

>> 不爱读书的中年人和老年人是没有什么办法的了，除非他们忽然觉悟，感到读书的必需，自己去养成读书的习惯。可是青年人为了充实自己，也为了充实我国的国力，非在学生时代养成随时阅读的习惯不可。所有的青年人都注意到了这一点，那么在不久的将来，我国就可以成为一个普遍爱好读书的国家。随时阅读的习惯，不是读几本教科书和讲义能够养成的。教科书和讲义是教师指定要读的，而要养成的，却是不待别人的指定，能随时阅读自己所需要的书的习惯。教科书和讲义不过是一个比较详明的纲要，而要养成的，却是不以只知道一个纲要为满足，能随时阅读内容丰富体裁各异的书的习惯。这种随时阅读的习惯，只有多读课外读物才能养成。

——《叶圣陶集》第 11 卷，第 108 页

朱永新解读：

叶圣陶先生对于中老年阅读有点悲观。他认为，对于没有形成阅读习惯的中老年人来说，一般不会有主动阅读的兴趣。除非他们感受到阅读的迫切性。但是，对于年轻人来说，为了自己的成长，也为了国家的发展，就必须养成阅读的习惯。一旦养成了阅读的习惯，就能够形成终身阅读的兴趣。

当然，从心理学的角度看，尽早养成阅读的习惯的确非常重要。格林曾经说过，人生前十四年所阅读的东西，不仅会记住一辈子，而且会形成良好的

阅读习惯。

许多父母都错误地认为，阅读教科书、教辅书就是阅读本身，叶圣陶先生早就指出了这样的误区。他认为，随时阅读的习惯，不是读几本教科书教辅书就可以养成的，而是需要自主阅读，随时寻找自己需要的图书，并且认真阅读才能够形成的。所以，从小养成孩子阅读的习惯，鼓励他们形成自己的阅读兴趣与选书淘书的乐趣，是非常重要的事情。

>> 你们大概也听说过一些文化发达的国家，它们的人民是如何地爱好读书，学问家不必说了，就是商店里的店员，工厂里的工人，也都嗜书如命，得空就读书成了习惯。你们再想想自己的周围，家里的人有几个是经常读书的？亲戚朋友中有几个是经常读书的？如果你们花点儿工夫考察一下，就会知道那些企业家就很少经常读书的，政治家中嗜书如命的也不多，甚至大学教授，除了他们所教的课本以外，有的也不再读什么旁的书了。我国一向把求学叫做“读书”，又以为求学只是学生该做的事，不当学生了就无须再求学，也就用不着再读书了。这个观念显然是错误的，而普遍不读书的现象正是这个错误的观念造成的。大家都说我国的国力不如人家。所谓国力，不限于有形的经济力量军事力量等等，一般民众的精神和智慧也占着重要的成分；普遍的不读书，民众的精神如何能振奋起来？智慧如何能得到发展？跟经济力量军事力量的不如人家相比较，普遍的不读书至少有同等的严重性。

——《叶圣陶集》第 11 卷，第 107—108 页

朱永新解读：

这是 1937 年叶圣陶先生为教育播音写的讲演稿。如今，80 多年过去，读书的人口自然比那个时代多了很多，但叶圣陶先生讲的全民阅读风气不浓厚，企业家、公务员不读书，仍然是比较普遍的现象。

一个民族的精神境界取决于这个民族的阅读水平。一个民族的竞争力，在很大程度上取决于她的精神力量，而精神力量的源泉之一，就是阅读。所以，叶圣陶先生说：所谓国力，不仅是军事的经济的力量，更是民众的精神与智慧的力量，如果不读书，“民众的精神如何能振奋起来？智慧如何得到发展？”如果不读书，与军事上不强大、经济上不发展的后果一样，都会被动挨打。

教师和父母们也应该知道，读书不仅是个人的事情，家庭的事情，学校的事情，也是国家民族的大事。

>> 至于课外读物的类别，依据前面所说的，大致可以分为四类。第一类是各种科目的参考书。如学习了动物学植物学，再去看一些有关生物学方面的书，学了物理学化学，再去看一些讲这些科学家发现和发明的书，这些书就属于这一类。第二类是关于修养的书，如伟大人物的传记，学问家事业家的言行录，都属于这一类。第三类是供欣赏的书，小说、剧本、文集、诗歌集，都属于这一类。第四类是供临时需要的书。如预备练习游泳之前，去看一些讲游泳方法的书；当社会上发生了某种问题的时候，去看一些关于某种问题的书，这些书就属于这一类。

——《叶圣陶集》第 11 卷，第 108—109 页

朱永新解读：

中学生应该读什么书？这是许多父母和老师共同关心的问题，也是我们在讨论研制《中国中学生基础阅读书目》时经常纠结的问题。

叶圣陶先生把中学生的课外阅读分为四种类型：一是学科参考书，即围绕学科深化理解的书籍；二是修养励志书，即帮助学生形成价值观人生观，寻找人生榜样的书籍，以传记类为主；三是文学欣赏类，如小说、散文、诗歌、戏剧等书籍；四是根据临时的需要而读的书，如学游泳就要读点关于游泳的书，急用先学应时之需。当然，有些书由于阅读的目的不同，可以归到不同的类别，如《史记》作为历史学科的书

学习时，应该在学科参考书之列；而在作为文学书欣赏时就可以学习它“雄健的文笔和生动的描写”[①]了。

叶圣陶还指出，有许多现成的书并不是专门为中学生编撰的，不太适合中学生的理解能力和消化能力，需要重新编辑。

现在看来，中学生的书籍主要可以分为科学、人文和文学三种类型。科学是研究各种现象的本质和规律的知识体系，是反映知识真相的学说，在于求真；人文是与人们的社会关系、文化生活密切相关的理论体系，在于求善；文学是描写社会生活和心理活动的语言文字的艺术，在于求美。教师和父母能够围绕这几个方面、懂得如何为孩子选择合适的图书，就不仅能为孩子提供丰富的精神食粮，也等于找到了通往孩子心灵世界的桥梁。

---

① 《叶圣陶集》(第 11 卷)，第 109 页。

>> 阅读指导似乎该精益求精。这一类读物对少年儿童的好处既然在潜移默化，就得让他们在认真阅读之中自己有所领会，而不宜把他们能够领会的先给指出来。自己领会出于主动，印象深，经人家先给指出来然后去领会，未免被动，印象可能浅些。假如上述的想法可以得到承认，那么阅读指导就该从某一读物的具体情况出发，给少年儿童种种的启发，或者给指出些着眼的关键，或者给提出些思考的问题，使他们自由阅读而不离乎正轨，自己能得到深切的领会。打个比方，阅读指导犹如给走路的人指点某一条路怎么走，而不是代替他走，走路的人依照指点走去，非但不走冤枉路，而且见得广，懂得多，心旷神怡，连声说“不虚此行”，同时衷心感激给他指点的人。总之，阅读指导既是思想工作又是技术工作，越深入，越细致，受指导的方面得益越大，前面说要精益求精，就是为此。

——《叶圣陶集》第 11 卷，第 252 页

朱永新解读：

叶圣陶的这段文字，对于教师和父母选择课外书和指导孩子阅读课外书，具有重要的参考价值。

这是 1959 年 6 月 1 日发表在《光明日报》上的一篇文章，针对少年儿童读物数量不够多、品种不够丰富的情况，叶圣陶先生呼吁为少年儿童提供更多的课外读物，他认为，“说得严重点儿，这是对世界的明天

负责任的大事。”[①]

读课外书对于少年儿童具有特别重要的意义。叶圣陶举例说，老守在屋子里的人，经常少见少闻，就会安于少见少闻。“出去跑跑，接触异方殊俗，经历名山大川，知道世界那么广大，未知远胜已知，就尽想往外面跑，再不愿守在屋子里了。”[②]这样，他们就会产生无穷的兴趣，立下跑遍全世界的宏愿。

那么，少年儿童应该读什么？叶圣陶认为，文艺类的书当然需要，但是千万不能够忽视知识类的读物，如关于天文地理的旅行记、探险记、星空巡礼记，历史方面的历代名人传略、创造发明故事、历史小故事，生物方面的昆虫、森林，还有物理、化学方面的读物，帮助儿童养成查根究底的习惯。这些读物内容比课本丰富，写法比课本生动，阅读时能够触类旁通，既能增强求知欲，又能巩固课内学习的东西。

所以，叶圣陶希望这些书的写作和阅读指导都要精益求精。不要把现成的答案给学生，而应留有余地；既不要代替他们走路，也不要让他们走冤枉路。

---

① 《叶圣陶集》（第 11 卷），第 255 页。

② 《叶圣陶集》（第 11 卷），第 253 页。

>> 书籍这东西，除了行远和贻后，免除遗忘，更没有别的用处。学生要读书，就因为要晓得已往的种种事物，来做自己经验的材料。现在学校里，——较好的，——有一种弊病，就是学生在校里，只知道读书，仿佛说“读书者，读书也”。他们只知道读书，忘却把读书得来的经验，去体验四围的事物，来创造自己的新经验。换一句说，便是偏重读书，忘了人生。

——《叶圣陶集》第5卷，第13—14页

朱永新解读：

1919年，叶圣陶和一群年轻的老师在学校里进行着许多改革与探索，自己动手编辑教材大纲和教科书就是他们的行动之一。他非常不满意当时教科书的质量，认为“凭几位编辑先生高兴或不高兴的时候随意杂凑的”[①]教科书一定是误人子弟的。

另外一个方面，叶圣陶又特别提醒，教科书固然重要，但是学生读书的目的与方向更为重要。千万不能够偏了读书，忘了人生。读书的根本目的，是把书中的死知识变成活知识，变成自己的体验和创造的源泉。所以，不能够简单地把教科书、教材人纲发给学生去读，而应该让学生去思考、体验、联想，提高自己的观察力和推理力。

① 《叶圣陶集》（第5卷），第13页。

儿童应生活在诗的王国

>> 诗是何等可贵的东西，它能使我们每一个细胞活动而有趣。小孩是将来的人，他们尤其需要诗。若他们在学校里唱的全是美妙的诗篇，经这等浸渍似的涵养，一定有几许未来的伟大的艺术家在里面。这不是我们所企望而应当尽力的么？

——《叶圣陶集》第 9 卷，第 30 页

朱永新解读：

诗歌，是合乎儿童生命的一种艺术样式。它是一种节奏感强、富有韵律、具有感情色彩的语言艺术形式，也是世界上最古老、最基本的文学形式。

儿童是天然的诗人。学习了那些儿歌童谣、儿童诗以后，孩子们就会有创作诗歌的冲动，就会情不自禁地写诗。新教育实验的晨诵，就是基于儿童的这一特点，为孩子们量身定做的特殊的教育活动。通过晨诵，让孩子与黎明共舞，与诗歌共舞，对孩子一生具有十分重要的影响。已经有太多实例证明：这样经过诗歌浸染的孩子，无论是语言表达的能力，还是情感的发展，都明显的与众不同。

亲爱的老师和父母们，尽早把孩子带进诗歌的王国吧！

让儿童走近文学欣赏文学

>> 我先要请求为父母的，儿童的一切本能都让他们自由发展，更帮助他们发展。那些是文学的泉源啊。我不曾见备受遏抑的人而为伟大的创作家，或者为真能爱好文学者。我相信中国伟大的创作家还在摇篮里，所以我这么请求。我又要请求为教师的，不要将学校成为枯庙，将课本像和尚念梵咒那样给儿童死读。你们可以化学校为花园，为农圃，为剧院，为工场……他们在里面有丰富有趣的生活，一面用你们的眼光选择很好的文学给他们读，不仅是读，且使他们于此感动，于此陶醉。我们固然不希望个个儿童为创作家，这是不可能的事，但不可不希望个个儿童能欣赏文学，接近文学。

——《叶圣陶集》第9卷，第75页

朱永新解读：

叶圣陶先生认为，让儿童自由发展是教育重要的使命。父母和教师应成为一个帮助者，帮助孩子自由地发展，成为他自己，而不是把父母和教师的想法强加给孩子，代替甚至强迫孩子按照自己的意愿去发展。

在孩子发展的过程中，除了“丰富有趣的生活”外，文学具有非常重要的作用。因为儿童的世界总是有限的甚至是狭隘的，文学能把他们带到另一个世界，一个超越儿童时空和经验的世界。儿童通过文学走进更加广袤的世界，拥有更加宽广、丰富的心灵。

让儿童欣赏文学亲近文学，不一定是培养未来的作家，甚至也不是为了培养未来的文学爱好者，而是为了孩子心灵的成长。文学是人学，是来源于生活又高于生活的浓缩营养品，没有经过文学熏陶的心灵，多少是有些缺憾的心灵。

亲爱的教师和父母们，让我们的孩子走近文学、热爱文学吧。而且，最好是教师和父母能与孩子并肩在文学的世界里流连。

课外阅读需要咬文嚼字

>> 学生课外阅读，能了解大意，还是靠讲读教育——虽然这种讲读教育没有很大的效率——或者靠自修。阅读有时候不止于要了解大意，还要领会那话中的话，字里行间的话——也就是言外之意，不能读得太快，得仔细吟味；这就更需要咬文嚼字的功夫。

——《叶圣陶集》第 13 卷，第 111 页

朱永新解读：

其实，真正的阅读是没有课内课外的。真正的深度阅读都是需要“咬文嚼字的功夫”。未来的学习一定是终身的、线性的、全时空的，自然就没有课内课外的区别。无论是课内的学习和阅读，还是课外的学习和阅读，目标都是一致的，都是为了让学生更好地掌握知识，发展能力，形成智慧。阅读，是根据文本的特点和学习的需要，选择精读还是泛读，咬文嚼字还是浏览翻阅。对于重要的经典，还是需要咬文嚼字的。

给少年儿童多介绍课外读物

>> 课堂里教的是最基本最主要的东西，各种课本是这些东西的扼要的记载和说明，都要求学生能够记住它，消化它。再给他们一些有关的课外读物，内容比课本丰富些，写法比课本生动些，他们阅读的时候感到触类旁通的乐趣，读过之后怀着再读同类的其他读物的强烈愿望。这样，不但课内学得的东西更加巩固，求知欲也更加旺盛了。说起求知欲，该是教育工作者必须注意的事儿。知识那么多，哪里教得尽？样样知识一定要待老师教了才懂得，也不是办法，教育虽然着重在“教”字，最终目的却在受教育者“自求得之”。因此，课堂教学除把最基本最主要的东西教给学生外，要随时顾到促进学生的求知欲。而介绍以上说的各类课外读物，也是促进求知欲的一个方法。

——《叶圣陶集》第 11 卷，第 253 页

朱永新解读：

这一段文字较长，其实就是讲课堂教学与课外阅读的关系。他认为，课堂教学的内容往往是那些最最重要最最基本的东西，而教科书就是这些内容的纲要性的记载和反映。但是，如何真正地把握这些最基本最重要的东西，是离不开课外阅读的。课外阅读的内容比较特殊，它要比课堂教学内容丰富得多，表述方法也更加生动有趣。所以，课外的阅读和课堂的教学是相互映照、相互补充的。课外阅读不仅能够调动

学生的兴趣，而且可以让课内的学习得到巩固，会强化学生的求知愿望。教育不仅仅是要让学生能够掌握知识，更重要的是能够培养学生去主动获取知识的求知欲。教育的目的最终不是教而是学，是让受教育者“自求得之”。

>> 教师的讲授限于授课的时间，实际上还是只能作扼要的叙说，举几个简单的例子；课外读物却不受什么限制，叙说尽可详尽，举例尽可繁富，你要知道历史上某一事件的前因后果，你可以看专讲这一事件的书；你要知道某种动物的生活详情，你可以去看专讲这种动物的书；看过以后，对于教科书和讲义中所提示的，教师口头所讲的，你就有了更深更广的印证。任何知识都是这样的，仅仅浮在面上，猎涉一点儿概要，是没有多大用处的；越是往深里往广里去研求，越是容易豁然贯通，化为有用的经验。而课外读物，正是引导你往深里广里去研求的路径。

——《叶圣陶集》第 11 卷，第 105 页

朱永新解读：

这段文字与《给少年儿童多介绍课外读物》的观点完全一致，继续阐述课堂教学与课外阅读的关系。由于课堂教学时间和教科书空间的限制，很多内容只能提纲挈领，语焉未详。但是，课外阅读则没有这样的限制，“叙说尽可详尽，举例尽可繁富”，而且可以根据学生的个人兴趣有所侧重，对历史感兴趣的，可以在历史方面读更多的东西；对动物感兴趣的，可以读更多的关于动物的内容。每个人的知识体系，最终是自己建构起来的。对于教师在课堂上讲的和教科书上写的东西，如果没有自己的阅读探究、验证，是很难纳入自己的知识体系中去的。所以，真正要牢固而深刻地掌握知识，还是离不开阅读。

现代中国儿童读物之立场

>> 我人所望于评判委员会者，第一，宜认定现代中国儿童之立场。夫儿童之非缩小的成人，言教育者罔不知之，故成人之教养与观感虽未必全不适于儿童，要不可挹此注彼，必须自儿童之立场出发，方得谓之纯良之儿童读物。而现代中国方受空前之困厄，中国大众咸负有争求民族解放之重责，此重责决不止于一代，必且父死而子继之。故现代中国儿童之读物又必须于此点切实顾到，方得谓之适应时代之读物也。

——《叶圣陶集》第 11 卷，第 67 页

朱永新解读：

叶圣陶非常注重学生的课外阅读，认为它是学生学习不可缺少的重要内容。但是，阅读的内容同样非常重要。那么，儿童究竟应该读什么书？什么样的儿童读物才是好的读物？叶圣陶在这段文字中提出了两个重要标准：一个是儿童性，一个是时代性。所谓儿童性，也就是说儿童读物应该有儿童本位、儿童立场，应该有童趣童真，儿童不是“缩小的成人”，不能用成人的观点编写和甄选儿童读物。所谓时代性，也就是说，在儿童读物的题材上，应该关注当下的形势，如当时中华民族面临抗日争取民族解放的重任，就要有爱国主义、抗日救国方面的时代读物。

好作品需要揣摩

>> 一篇好作品，只读一遍未必能理解得透。要理解得透，必须多揣摩。读过一遍再读第二第三遍，自己提出些问题来自己解答，是有效办法之一。说有效，就是增进理解的意思。

……

理解一篇作品，当然着重在它的主要意思。但是主要意思是靠全篇的各个部分烘托出来的，所以各个部分都不能轻轻放过。体会各个部分，总要不离作品的主要意思。提出来的必须是合情合理的值得揣摩的问题。要是硬找些不相干的问题来抠，那就没有意义了。

——《叶圣陶集》第 10 卷，第 62、65 页

朱永新解读：

叶圣陶这篇文章是以阅读鲁迅先生的《孔乙己》为案例，讲述阅读的方法的。一个重要的概念就是“揣摩”。揣摩一词出自《战国策·秦策一》：“乃夜发书，陈箧数十，得太公阴符之谋，伏而诵之，简练以为揣摩。”大意是指忖度、估量、研究、玩味。只有做“揣摩”的功夫，才能真正读懂弄通。叶圣陶专门讲述了揣摩的两个方法：一是反复阅读。书读百遍，其义自见。做阅读的过程中自己给自己提出几个问题，自问自答，就能加强理解。二是注意整体与部分的关系，部分是为整体服务的，部分是围绕主题展开的。这样就能够全面准确理解文本的主旨与内容了。

给予学生阅读的自由

>> 学生所以要找一点书报来看，无非想明白当前各方面的情形，知道各式各样的生活而已。既已生在并非天下太平的时代，谁也关不住这颗心，专门放在几本教科书几本练习簿上。当然，所有的书报不尽是对于学生有益处的。但只要学校教育有真实的功效，学生自会凭着明澈的识别力，排斥那些无益的书报。现在不从锻炼学生的识别力入手，只用专制的办法来个取缔，简便是简便了，然而要想想，这给予学生的损害多么重大！把学生的思想范围在狭小的圈子里，教他们像号子里的囚犯一样，听不见远处的风声唱着什么曲调，看不见四周的花木显着什么颜色。这样寂寞和焦躁是会逼得人发疯的。

——《叶圣陶集》第12卷，第132—133页

朱永新解读：

给学生一点阅读的自由空间，让他们读一些自己真正想读的书，毫无疑问是非常重要的。记得我们一开始在研制《中国中小学生基础阅读书目》的时候，很多人就提出：学生阅读是自由的，不应该限制学生读什么书。应该说，这个观点我们是同意的，或者说原则上是同意的。但这并不意味着所有的学生都会选择，所以，给一个阅读的地图，给一个阅读的指导，是非常有必要的。推荐一些基本的、经典的、重要的书籍，对学生选择是有帮助的。这也并不意味着不允许学生自己去选择他们想看的书。我们往往对学生的发展不太放心，总希望为他们准备好一切，总希望把

他们的思想限制在一个狭小的圈子里。这样，就等于把学生像号子里的囚犯一样关在牢房里了。这样的做法只能够加重学生的寂寞和焦躁，而这样的寂寞和焦躁，“是会逼得人发疯的”。

>> 学生应该知道而未必能自行解答的，却不妨预先提出，让他们去动一动天君，查一查可能查到的参考书。他们经过了自己的一番摸索，或者是略有解悟，或者是不得要领，或者是全盘错误，这当儿再来听教师的指导，印入与理解的程度一定比较深切。最坏的情形是指导者与领受者彼此不相应，指导者只认领受者是一个空袋子，不问情由把一些叫做知识的东西装进去。空袋子里装东西进去，还可以容受；完全不接头的头脑里装知识进去，能不能容受却是说不定的。

——《叶圣陶集》第 14 卷，第 96—97 页

朱永新解读：

教育的一个根本原则是调动学生的主动性积极性。叶圣陶认为，学生不是一个空袋子，如果只是一个简单的空袋子，装点东西是没有问题的。但是，学生不是一个消极接受知识的容器，没有学生主动积极的思考，即使学生的大脑容量很大，也是装不进去的。叶圣陶先生在这里用了一句苏州方言“动天君”，其实就是“动脑筋”的意思。如何“动天君”？就要自己去读书，去查工具书，读课外书，相互参照，即使一下子解决不了，但经过了自己的一番摸索，再来听教师的讲解，就会豁然开朗了。

国文是发展儿童心灵的学科

>> 须认定国文是发展儿童的心灵的学科。文字所以表声音，声音所以达情思，那是人人知道的。没有情思，就没有发出声音的必要，更何需文字？可见情思为声音的泉源，而文字为声音的符号。学童所以需要国文，和我们所以教学童以国文，一方面在磨练情思，进于丰妙；他方面又在练习表出情思的方法，不至有把捉不住之苦。

——《叶圣陶集》第13卷，第7—8页

朱永新解读：

在上个世纪50年代初期以前，中小学的语文课一般叫做“国文”。国文者，本国的语言文字也，与现在的语文应该是差不多的概念。为什么本国的语言文字如此重要？因为这是发展儿童心灵的学科。教育最重要的目标之一，就是不断丰富和充盈人的心灵，让人具有丰富的精神世界。丰富的精神世界，就需要有丰富的情感和敏锐的思维。语文教育，不仅仅要培养丰富的情感和敏锐的思维，而且要注重培养学生善于把这种情感和思维顺利流畅地表达出来的能力。

读些文学书

>> 关于文学的书是可以选读的。文学的对象是人生。文学的特点是把意念形象化，不用抽象的表达。所以读文学可以认识人生，感知人生。善于读文学的人，他所见的人生一定比不读文学的人来得深广……不要以为自己准备学工学农，就无须理会文学。要知道学工学农也是人生；无论是谁，能够接触以人生为对象的文学，是一种最为丰美最有价值的享受。

——《叶圣陶集》第 12 卷，第 148—149 页

朱永新解读：

为什么要读文学书？学习理工科的学生是否也需要读文学书？当工人农民等普通的劳动者，是否也需要读文学书？答案是肯定的。因为，我们每个人都有自己的人生，而文学的对象就是人生。如何让自己的人生更加丰富多彩？如何让自己更好地认识人生、享受人生？读文学书无疑是一条重要的路径。通过这一路径，我们知道了一个更大的世界，也知道了自己如何拥有一个更加广阔的天空。同时，读文学书还有一个特别的好处，那就是以一个欣赏者的角色审视别人的人生。所以，“能够接触以人生为对象的文学，是一种最为丰美最有价值的享受”。

培养学生听说读写的能力

>> 语文教学不仅是传授知识，尤其重要的，在乎培养学生听说读写的能力。分开来说，听和读是一类，说和写是一类。有了听和读的能力，就能吸取人家的东西，化为己有。有了说和写的能力，就能表达自己的心意，让人家完全明晓。这两类能力，无论在学习中，在工作中，在日常生活中，都是必需的，所以是最基本的能力，非着力培养不可。合起来说，这两类能力又是相辅相成的，就是说，听和读的能力的加强，有助于说和写的能力的提高，反过来亦然。因此，培养的时候宜乎双方兼顾，听、说、读、写四个字中间不偏废任何一个字，才能收相互促进、不断提高的成效。

——《叶圣陶集》第13卷，第162—163页

朱永新解读：

听说读写，是语文教育必须培养的四种基本能力。叶圣陶先生多次在各种场合强调，这四种能力都非常重要，不可偏废。这四种能力又可以分为两类，听和读是一类，说和写是另外一类。听和读，更多的是汲取；说和写，更多的是表达。在生活中，这两类能力的协调是非常重要的。没有听和读，很难准确理解别人的意思，很难成为一个好的倾听者，很难成为一个受欢迎的人。但是，没有说和写，也很难准确地表达自己的意见，很难成为一个良好的沟通者，很难吸引别人的注意。所以，叶圣陶先生强调，在语文教学中，这四方面都非常重要，不可偏废任何一个。

语文教学的目的

>> 语文教学的目的，一是要教会学生自己能看书读书，不断吸取精神养料，一是要教会学生把所想的东西用嘴用笔表达出来。教师的讲课就不是一篇篇的课文了，而应当着眼于教会学生看书写文章。

——《叶圣陶集》第25卷，第49页

朱永新解读：

叶圣陶先生的这篇文章再次重申了语文教学的基本目的。其实就是两个方面，一方面，就是能够有效汲取精神养料，另一方面就是流畅表达自己的思想情感。汲取精神养料，就需要培养学生的阅读兴趣、阅读能力和阅读习惯，主动去获取知识。表达能力的训练，主要是讲话和写作，把自己要表达的思想情感，能够准确地流畅地表达出来。语文教学的课文，其实就是用来培养学生的阅读能力、思维能力、表达能力的范本。它不是孤立的，不是简单地让学生去学习文本，而是围绕这两种能力的训练来展开的。所以，教会学生看书写文章，是非常重要的。

语文教学中要把听说读写连起来

>> 我们一方面要让学生善于说，一方面要使他善于听。读和写呢？读就是用眼睛来听，写就是用笔来说；反过来，听就是读，用耳朵来读，说就是写，用嘴巴来写。所以现在的语文教学，要把听、说、读、写这四个字连起来。

——《叶圣陶集》第 13 卷，第 228 页

朱永新解读：

听说读写，是语文教学需要培养的基本能力。叶圣陶先生对此一直非常重视，从不偏颇。在他看来，其实听和读都是一种输入，说和写都是一种输出。读，只不过是用眼睛来听。听，也只是用耳朵来读。写，就是用笔来说。说，就是用嘴巴来写。在生活中，用的更多是日常交往的基本能力，所以说和听相对更重要，而这恰恰是我们的教育所忽视的。读和写，在日常生活中用的虽然不如说和听那么多，但是，它是精确地表达思想的重要能力，也是量化考核的非常重要的方面。一个非常有意思的现象就是，现在的听已经越来越靠近读，各种听书越来越多了，而现在的说已经越来越发达了，越来越靠近写了，短视频的发展也说明写的形式越来越多样化了。一句话，听说读写不要偏废，尤其要加强说和听。

讲读课的方法不能一律

>> 讲读课不限于逐句逐段地讲。学生自己能理解的句和段，我以为就不必讲。学生不能理解者要讲，理解而不透者要讲。最好能向学生提出些问题，引导他们由思索而达到理解，也不必见他们不怎么理解就给他们讲。因此，讲课方法宜视具体文篇，学生情况，分别定出，不能一律。

——《叶圣陶集》第 25 卷，第 7 页

朱永新解读：

对于那些习惯于满堂灌，用大水漫灌的方法讲语文的老师来说，叶圣陶先生的这个提醒是非常重要的。大部分老师在上语文课的时候，总是习惯于逐字逐句逐段地讲解。其实，大部分的内容学生是可以通过自己读书、自己思考来理解的。所以叶圣陶先生主张，学生能够自己理解的句和段，就没有必要再重复讲解。对学生不能够理解的，或者理解不透的，虽然要讲，但也不是逐字逐句逐段地讲。而应该提出问题，引导学生自己去思考，自己去解决问题，自己去理解。所以，我们往往在欣赏一堂语文课的时候，不是看是否系统全面、是否逐字逐句逐段讲解得天衣无缝。其实，这是作秀，而不是真正的教学。

>> 一些古书，培育着咱们的祖先，咱们跟祖先是一脉相承的，自当尝尝他们的营养料，才不至于无本。若讲实用，似乎是没有，有实用的东西都收纳在各种学科里了；可是有无用之用。这可以打个比方，有些人不怕旅行辛苦，道路几千，跑上峨眉金顶看日出，或者跑到甘肃敦煌，看石窟寺历代的造像跟壁画。在专讲实用的人看来，他们干的完全没有实用，只有那股傻劲儿倒可以佩服。可是他们从金顶下来，打敦煌回转，胸襟扩大了，眼光深远了，虽然还是各做他们的事儿，却有了一种新的精神。这就是所谓无用之用。读古书读的得其道，也会有类似的无用之用。要说现代学生应该读些古书，这是一个理由。

——《叶圣陶集》第11卷，第157页

朱永新解读：

叶圣陶先生提出了一个非常好的问题：为什么要读古书？

这些古书看起来离我们的时代很遥远，离我们的生活也很遥远。这些古书好像没有什么用，不能够在生活中兑现。但是，叶圣陶先生认为它们是无用之大用。首先，这些古书是我们文化的根，是我们与祖先一脉相承的文化的源头。我们读这些古书，相当于与古人与祖先吃了同样的精神养料，和古人汲取同样的文化养料，在精神上的传承就有了根基。其次，读古书能够让我们开眼界，长精神。他用旅游来比喻说，

“有些人不怕旅行辛苦，道路几千，跑上峨眉金顶看日出，或者跑到甘肃敦煌，看石窟寺历代的造像跟壁画”。看上去就是看了一些风景，其实他们看的是文化，是精神风景。看了以后回来，他们的胸襟自然扩大了，眼光自然深远了，“虽然还是各做他们的事儿，却有了一种新的精神”。这就是无用之大用。

养成阅读能力

>> 在这里，颇有问一问国文科的目的到底是什么的必要。我们的回答是“整个的对于本国文字的阅读与写作的教养”。换一句话说，就是“养成阅读能力”“养成写作能力”两项。

要养成阅读能力，非课外多看书籍不可。课本只是举出些例子，以便指示、说明而已。这里重要在方法；本月比上月更善阅读，今年比去年更能了解，就是进步。修养云云那是身体力行的事，民族精神也得在行为上表现……

——《叶圣陶集》第13卷，第30页

朱永新解读：

语文教学的目的是全面培养学生听说读写的能力，用叶圣陶的话来说，就是提高“整个的对于本国文字的阅读与写作的教养”。就阅读能力的培养而言，叶圣陶认为，仅仅靠阅读教科书是远远不够的，必须在课外多看其他书籍。叶圣陶没有说课外书，而是说在课外看书籍，这是一个微妙的不同。其实书籍，只有教科书与非教科书，没有课外书的区分。所有的书籍都是对课内学习有帮助的。阅读的方法如何改进？叶圣陶没有详细讨论，只是说“本月比上月更善阅读，今年比去年更能了解”，这就要求学生要用心反思自己的阅读行为，不断改进阅读方法。

>> 精读指导必须纤屑不遗，发挥净尽；略读指导却需提纲挈领，期其自得。何以需提纲挈领？唯恐学生对于当前的书籍文章摸不到门径，辨不清路向，马马虎虎读下去，结果所得很少。何以不必纤屑不遗？因为这一套功夫在精读方面已经训练过了，照理说，该能应用于任何时候的阅读；现在让学生在略读时候应用，正是练习的好机会。学生从精读而略读，譬如孩子学走路，起初由大人扶着牵着，渐渐的大人把手放了，只在旁边遮拦着，替他规定路向，防他偶或跌跤。大人在旁边遮拦着，正与扶着牵着一样的需要当心；其目的唯在孩子步履纯熟，能够自由走路。精读的时候，教师给学生纤屑不遗的指导，略读的时候，更给学生提纲挈领的指导，其目的唯在学生习惯养成，能够自由阅读。

——《叶圣陶集》第14卷，第162页

朱永新解读：

如何指导学生阅读？关键是让学生掌握精读与略读的不同方法。叶圣陶先生认为，精读的指导，关键在于引导学生注重细节，不放过任何微小的问题，把每个方面的问题搞清楚，做到“纤屑不遗，发挥净尽”。而略读的指导，则要提纲挈领，抓住主要问题。叶圣陶用帮助孩子学走路为例，说明指导精读如孩子初学走路，一开始要由大人扶着，防止他摔跤，慢慢地就可以逐步放手。这个时候的放手不是不管，而是小心地观察，在必要时伸出援手。古人说：道而弗牵则和，强而弗抑则易，开而弗达则思，就是这个道理。

青年人读小说

>> 小说不偏于逻辑的境界，记认的境界，道德的境界，等等，它直接触着人生，它所表现的境界是个有机体，以人生为它的范围。青年人读了许多小说，吸收了许多好的意思，获得了许多人生经验，因为那些意思与经验都是通过了作者的精神的，青年人渍染既久，其精神也就渐趋高深，即使不能与作者并驾齐驱，至少也会与作者同其倾向。青年人的精神与出色的作者同其倾向，不正是教育所求的效果吗？

——《叶圣陶集》第 11 卷，第 171—172 页

朱永新解读：

作为一个教育家和文学家，叶圣陶先生为什么如此强调要读小说？叶圣陶认为，小说不同于哲学、历史、伦理，不是强调逻辑、认知和道德等问题，它注重的是生活，是人生，是成长。因为青少年学生的经验是有限的，生活的时空也是有限的，所以读小说能够体验别人的生活，感受别人的经验，学习别人的人生态度和人生智慧。尽管小说里面的人经常是虚构的，但是它的移情作用，能够与读者直接发生关联，“即使不能与作者并驾齐驱，至少也会与作者同其倾向”。这就是新教育实验说的寻找生命原型，寻找人生榜样。小说刻画的那些伟大人物形象，如保尔·柯察金等，就曾经是照亮我们前行的灯塔。

『死读书』没有用处

>> 读书只求记忆，没有研究的方法，没有实验的机会，那究不会切合人生，丝毫没有用处。然而听讲、记忆、背诵，一件件做去，却费了许多精神，占了许多时间。一个人在幼年的精神和时间是何等可贵，无端被教师引导用在“死读书”上了，就同抛在汪洋大海里一样。

——《叶圣陶集》第 11 卷，第 15 页

朱永新解读：

死读书，读死书，读书死，是许多教育家批评那些教条主义、书本主义常用的词语。中国古代学者早就主张读书要学以致用，要切己体察。叶圣陶先生也强调，读书如果只记住书中的内容，不去深究实践，不去联系实际，解决生活和生命中的问题，这样的读书意义不大，空枉费了时间。“一个人在幼年的精神和时间是何等可贵”，要把最美好的时间用来做最美好的事情，读最好的书，并且学以致用，解决自己遇到的问题，把书读活用好。

课外阅读不能『照单全收』

>> 学生在阅读课外读物的时候也应该明白，写在书上的东西并不是完全可以信赖的。阅读固然要认真，但是尤其重要的是要抱着批判的态度，要区别哪些是应该接受的，哪些是不该接受的，不能“照单全收”。不加区别地“照单全收”绝对不是妥当的读书方法，也不能提高自己的识别力。

——《叶圣陶集》第 11 卷，第 112 页

朱永新解读：

尽信书不如无书，这是古人读书的基本立场。

所以，读什么与怎么读，在学校教育中就显得特别重要。读什么，要读那些值得信赖的，经过时间大浪淘沙检验过的好书，经典就是如此。经典是一代一代人用心阅读，筛选保存下来的优秀书籍。阅读的高度决定精神的高度，同样的单位时间，读好书自然投入产出比更高。怎么读，就要用批判性思维，这就是叶圣陶先生说的，要认真区别哪些是应该接受的，哪些是不该接受的，不能“照单全收”。

读书要集中心思

>> 有的书比较容易读，读起来用不着花多大的力气，有的书比较艰深，读起来并不怎样松快。但是无论什么书，都不能让眼光像跑马似的溜过就算，一定要集中心思，把注意力放在书上。

——《叶圣陶集》第11卷，第114—115页

朱永新解读：

居敬持志，是朱子读书法的主要原则，也是中国古人读书的基本方法。叶圣陶先生在这里说的集中心思，在现代心理学看来就是集中注意力。注意力是心灵的看门人。注意力集中了，全神贯注了，阅读的效果就好，就能够保持记忆，积极思维。注意力不集中，心猿意马，“眼光像跑马似的溜过”，学了等于没有学，记忆也会荡然无存。所以，阅读时聚精会神集中心思很重要。

课外阅读要做读书笔记

>> 一口气直往下读，不如每读一段，稍稍停一停，回过头去想一想这一段主要说了些什么。一口气往下读往往不能消化，好像囫囵吞枣一个样；停下来想一想就像咀嚼一个样，才能辨出真的滋味来……想到了什么，不妨随时提起笔把它记下来，这就是读书笔记。想的时候往往比较杂乱，比较浮泛；写下来就非有条有理不可了，非切切实实不可了；所以写读书笔记是督促自己认真阅读的一个好办法。读书笔记或者采用列表的形式，或者采用杂记的形式，可以根据所读的书的性质而定。

——《叶圣陶集》第 11 卷，第 115 页

朱永新解读：

不动笔墨不看书，这也是中国古人特别强调的读书方法。为什么叶圣陶先生如此强调用写读书笔记的方法来读书？因为真正的思考是从写开始的。学而不思则罔，思而不学则殆。如果没有思考的介入，阅读的效果就会打折，甚至毫无成效。叶圣陶先生以吃东西为例，如果没有咀嚼，囫囵吞枣，就很难消化吸收，甚至弄坏了肠胃。只有细嚼慢咽，才能充分消化吸收营养精华。写读书笔记，就是吃东西时的细嚼慢咽。通过写作，厘清阅读的头绪、故事的情节、思想的逻辑，自然就能够更深刻地理解，更牢固地记忆。至于记忆的方法，叶圣陶提出的列表的方法，其实就类似

现在的思维导图，而杂记则可以是抄录精彩文句，也可以是批注、感想等。美国国家训练实验室曾对采取不同的学习方式时知识吸收的比例进行过分析，结果发现，没有交互的学习过程，效率远低于有交互的学习过程。在一定程度上而言，写读书笔记也是一种交互学习，是“阅读的我”与“写作的我”之间的交流互动。

『教师下水』

>> 讲读教学，就是教学生读书。跟教作文一样，唯有老师善于读书，深有所得，才能教好读书。只教学生读书，而自己少读书或者不读书，是不容易收到成效的。因此，在读书方面，也得号召“教师下水”。

——《叶圣陶集》第 15 卷，第 179 页

朱永新解读：

教师“下水”，现在一般指下水作文。从日常作文到高考作文，现在许多中小学教师都喜欢写这样的文章，一方面给学生做示范，一方面也能够亲身体验学生写作的甘苦。下水，是从游泳借鉴过来的一个词。教人学游泳，自然要讲一些关于游泳的知识和技能，但是教练如果自己不下水，不会游泳，也只能够是纸上谈兵。教练熟谙水性，跳下水去游给学生看，学生按照教练的模样游泳，往往很快就可以学会。教师跟学生一起写相同题目的作文，就是“下水”。其实，读书也有“下水”的问题。一个不喜欢阅读的老师，是不可能培养热爱阅读的学生的。而一个不会阅读的教师，也很难培养出善于阅读的学生。

普遍不读书的严重性

>> 我国一向把求学叫做“读书”，又以为求学只是学生该做的事，不当学生了就无须再求学，也就用不着再读书了。这个观念显然是错误的，而普遍不读书的现象正是这个错误的观念造成的……普遍的不读书，民众的精神如何能振奋起来？智慧如何能得到发展？跟经济力量军事力量的不如人家相比较，普遍的不读书至少有同等的严重性。

——《叶圣陶集》第11卷，第108页

朱永新解读：

在中国，传统意义上的读书与上学、求学往往是同一件事情的不同表述，它在一定意义上揭示了求学、上学与读书的不可分割的内在关系。也就是说，没有阅读，就不是学习，不是求学活动。反过来，不上学、不求学，也就不读书了。这是对读书的最大误会。一方面，求学需要读书，尤其是中小学学习的关键时期，也是读书最重要的关键期。另一方面，即使毕业了，不上学不求学了，读书仍然是不能够停止的。因为，读书是一个人求知成长的路径，也是一个人智慧形成，一个民族振奋精神的重要路径。阅读的情况，会直接影响到国家的经济力量、军事力量，是国家的大事情。

课外读物的作用

>> 任何知识都是这样的，仅仅浮在面上，猎涉一点儿概要，是没有多大用处的；越是往深里往广里去研求，越是容易豁然贯通，化为有用的经验。而课外读物，正是引导你往深里广里去研求的路径。

——《叶圣陶集》第 11 卷，第 105 页

朱永新解读：

我曾经说过，教材相当于学生的母乳。母乳对于儿童的成长起着非常重要的作用，它最安全，营养最丰富，最容易消化吸收。但是，母乳的作用随着幼儿的长大而逐步衰减，六个月以后的儿童就需要补充各种食物。教材是经过压缩处理的，很精致。但是不利于引导学生“往深里广里去研求”，没有课堂外的大量阅读，学生们是很难真正全面深刻地把握教材的内容的，即使暂时记住，很快也会遗忘。课外读物，能够帮助学生更好地建构自己的知识体系，更好地引导学生向科学的深处进发。

善读善写非可求成于一旦

>> 所谓善读善写，非可求成于一旦，端宜积之于平时。看书不仅知其梗概，还须察其用心，衡其功夫。含蓄之意，思想之路，均宜细求。进一步则不仅诵其文而已，还须自出己见，衡其得失，孰取孰舍，孰可师孰不可师，乃真达到活读书之境界。

——《叶圣陶集》第 16 卷，第 151 页

朱永新解读：

读书写作绝非一日之功，也不可能求成于一旦。所以，真正的阅读与写作，是在日常生活中的慢功夫，是依靠平时的日积月累，虚心涵泳，反复研磨。读书需要用心用力，需要发现文字背后的东西，需要厘清思想的脉络。更重要的是，读书不仅仅要读进去，更要读出来，能够用自己的话语来解释，用自己的经验去体悟。

善读与善写相通

>> 复言作文，不仅成篇而已，还须求全篇之完整，考虑读者对象之能否通晓，进一步则考虑如何则于人更有益，如何则更可以感人。

读与写关系密切。善读必易于达到善写，善写亦有裨于善读，二者皆运用思考之事，皆有关学科知识与生活经验之事，故而相通。

——《叶圣陶集》第16卷，第151页

朱永新解读：

叶圣陶先生认为阅读与写作是相通互补的。“善读必易于达到善写，善写亦有裨于善读”。为什么呢？因为两者都不是简单的阅读与写作的技巧，尤其是写作，不是简单地把文章写出来，写完整，而是要看文章背后的思想和情感，看文章如何对人更有益以及如何感动人。阅读和写作都与人的思维活动有关，与学科知识有关，与生活经验有关，而这些相关也直接影响到阅读与写作的关联相通。

教师要做学生精神上的朋友

>> 教师和学生，无论如何不应该对立起来。教师不是专制政治下的爪牙，学生不是被压迫的民众。教师和学生是朋友，在经验和知识上，彼此虽有深浅广狭的差别，在精神上却是亲密体贴的朋友。学生要扩大一点认识的范围，做他们亲密体贴的朋友的教师竭力帮助他们还嫌来不及，怎忍把他们的欲望根本压了下去！我们特地在此提出来说，希望做了这种错误举动的教师反省一下，给予学生阅读的自由。

——《叶圣陶集》第12卷，第133页

朱永新解读：

好关系才有好教育。教师与学生的关系，是教育过程之中非常重要的关系。教师与学生虽然"闻道有先后，术业有专攻"，但并不是上级和下级、老板和员工的关系，更不是压迫和被压迫的关系，而是在精神上"亲密体贴的朋友"。既然是"亲密体贴的朋友"，就应该给学生自由的空间，让学生自由地呼吸，自由地生长，自由地阅读。学生自由地阅读，不仅仅是建立和谐师生关系的需要，也是学生个性发展的需要。如果每个学生只能够读教科书，读教师规定的必读书，而没有选择的自由，没有个性化的阅读，学生就不会有自己的个性。

培养学生独立读书的能力

>> 学生自己动脑筋，得到的东西格外深刻，光听老师讲，自己不思考，得到的东西就不太深刻。经过老师指导，学生还是不能自己了解自己领会，那就只好由老师讲了，还得注意讲得多而罗嗦不如讲得少而精。总之，讲的目的，在于达到不需要讲。如果一个老师能作到上课不需要讲，只作一些指点和引导，学生就能深刻理解，透彻领会，那就是最大的成功。这样作能使学生读了若干文章以后，能触类旁通，自己去领会别的文章。学生必须学会自己读书，不能老是带着一位老师给他讲，所以我们要培养学生独立读书的能力。

——《叶圣陶集》第13卷，第172页

朱永新解读：

教是为了不需要教，这是叶圣陶教育思想的一个重要观点。课堂教学也是如此，满堂灌的填鸭式教学，不管学生需要不需要，听得懂听不懂，教师只顾自己讲，无疑是最糟糕的教学方法。叶圣陶认为，讲的目的，在于达到不需要讲。教育的最高境界，是教师不讲，或者只需要很少的点拨指导，就能够深刻理解，透彻领会，那就是最大的成功。因为，教育的最终目的，是让学生能够学会自己读书，学会独立思考。

阅读教学的重要性

>> 所谓教师之主导作用，盖在善于引导启迪，俾学生自奋其力自致其知，非谓教师滔滔讲说，学生默默聆受。所谓阅读教学，本身自有其重要性，并非作文教学之辅。而善于指导阅读，虽不喋喋言作文，实大有利于学生作文能力之培养。我有时应邀作讲，辄言及以上两点。听者似皆首肯，而是否遽付诸实践，尚不可知。行与知固未必常相随也。

——《叶圣陶集》第25卷，第24页

朱永新解读：

关于教师与学生的关系、阅读与写作的关系，叶圣陶先生在不同的场合多次论述。他认为，虽然教育过程中要发挥教师的主导作用，但这个作用的发挥不是靠教师喋喋不休地讲说、学生全程默默地聆受来实现的。虽然阅读本身有助于写作，但阅读也不是作为作文教学的辅助来进行的。阅读本身独特的不可替代的作用，往往被忽视了。这两点虽然是常识，一般人也认同，但是一到课堂，一到教室，一到具体的教学过程，很多人就抛到脑后了。所以，知行合一，不断深化对这个问题的认识仍然是非常重要的。

第七章

作文是生活的一部分——写作教学论

导语

写作是什么？写作就是说话。思想、语言、文字，三样其实是一样。“思想是脑子里在说话——说那不出声的话，如果说出来，就是语言，如果写出来，就是文字。”怎样才算把话说好呢？关键是要做到四个不：不花言巧语，言不由衷；不认是为非，将虚作实；不含含糊糊，不明不白；不颠三倒四，噜哩噜苏。即说老实和明确的话。写作需要注意什么问题呢？关键是要训练一副明澈的眼光和一副熟练的手腕。眼光就是人生观和世界观，眼光是需要在生活中形成的。手腕就是熟练的技能，这是需要练习的，通过写信、写日记、写随笔等养成写作的习惯。写作要遵循“法度”，基础扎实了，往后才有无限量的发展空间。写作教学不是为了让学生个个成为文学家，而是因为在现代社会，“写作已经同衣食一样，是生活上不可缺少的一个项目”。所以，一方面要关注写作的两个重要基础——阅读与生活，另外一方面要改进写作教学，如题目要尽可能让学生有话可说，要写自己最熟悉最亲切的东西，作自己要作的题目；让学生多多练习，养成自己检查修改的习惯，可以学生共改和教师面批等，这些都是行之有效的写作教学方法。

>> 儿童既有说话的练习，进于写作，实是自然联络的事，并不烦难。因为写作的本质是情思，本质的符号是许多声音，由本质化为符号，须遵社会的律令，差一点人家便不懂。练习语言的重要意义，实在模仿这社会的律令。律令既明，以下不过写录这些声音出来的功夫罢了。昔人往往说，古文的通不通竟难明其理；熟读书篇，一旦豁然，谁也不知道究竟是什么缘故。这个疑问正可以说明我义。古文是古人的语言，别有一种律令；熟读古文，犹如练习说话，在模仿其律令；律令学成，写古文自然通顺了。

命题作文，人人知道不对。我以为定期作文，也很不自然。果真儿童心灵充分发展，则随时有丰妙的情思，便随时可以作文。即如阅览书籍，笔记所得，也是一种作文的练习。总之，简单干枯的生活里，一切不能着手，趣味的生活里，才可找到一切的泉源。

——《叶圣陶集》第 13 卷，第 15 页

朱永新解读：

我手写我心。写作，其实就是记录自己的说话。当孩子开始说话的时候，其实就是他开始写作的时候了。河南洛阳一对有心的父母，将孩子每天的说话记录下来，编了一本有趣的《宝宝日记》。而新教育实验的读写绘，就是用教师讲故事、孩子画故事并再次讲述故事、父母记录孩子的讲述的过程，作为训练孩子

表达能力、写作能力、想象能力、绘画能力的综合项目。所以，训练孩子的写作，应该从关心孩子的说话开始，让孩子敢说，会说，这样不仅能够培养孩子的写作能力，还能够培养他们的自信心。

生活的丰富性决定了写作的丰富性。写作，不是简单地上作文课就能够学会的，也不是上各种作文培训班就可以解决问题的。还是应该尽可能让孩子多读书，多游历，多实践。磨刀不误砍柴工，不会读与玩，就不会写。

>> 人是生来就怀着情感的核的，果能好好培养，自会抽芽舒叶，开出茂美的花，结得丰实的果。生活永远涵濡于情感之中，就觉得这生活永远是充实的。

现在回转去论到作文。假如我们的情感是在那里培养着的，则凡有所写，都属真情实感；不是要表现于人前，便是吐其所不得不吐。写出诚实的话不是做到了么？

我们要记着，作文这件事离不开生活，生活充实到什么程度，才会做成什么文字。所以论到根本，除了不间断地向着求充实的路走去，更没有可靠的预备方法。走在这条路上，再加写作的法度、技术等等，就能完成作文这件事了。

必须寻到源头，方有清甘的水喝。

——《叶圣陶集》第 15 卷，第 24—25 页

朱永新解读：

问渠那得清如许，为有源头活水来。写作犹如烧菜，没有原料，再好的厨师也无法烹饪出精美的大餐。

叶圣陶先生是著名的作家，也是著名的教育家。他最清楚作家如何写得出好的作品，他也最清楚，教育如何培养孩子的写作能力。所以，他告诉我们，写作最重要的事情还是生活，生活充实到什么程度，文字就会充实到什么程度。有了充实的生活，把自己的真情实感倾吐出来，就是好的文字。那些写作的技巧，就相当于烹饪的佐料而已。有了它，可能味道更加鲜

美，没有它，也可以做出原汁原味的好菜。

所以，老师和父母们，和孩子一起玩耍，一起旅游，一起看电影，让孩子的生活丰富多彩，孩子就能够积累丰富的原材料，写出缤纷多彩的好文章！

>> 学校教育系统中的语言教育开始于幼儿园，幼儿园训练的是听和说，这是基本。儿童进了小学才开始识字，开始读课本，这才遇到读和写的事。读和写是听和说的发展，绝不是两码事，凡是语文教师，对这一点必须确信不疑，始终贯彻在教学工作之中。

对于语法、修辞和逻辑，教师必须在语言实践（就是听、说、读、写）中知其然并且知其所以然……语法、修辞教的详细甚至于烦琐，徒然使学生厌倦，还是简要地教一些，而在他们听说读写的实践中随时给他们指点启发的好。假如各级学校精神一贯，学生所受的语言教育就足够了，可以适应生活和工作的需要了。追究到根源，却在于幼儿园训练孩子听和说，基础打得好。从幼儿园的孩子到高中生，各项程度显然有高低之分。但是幼儿园的教师与高中语文教师共同站在语言教育的阵线上，并且做的是打基础的工作，竟可以说责任更为重大，功能更为重要。只要平心静气想想，这样看法该是谁都同意的。

——《叶圣陶集》第 11 卷，第 367 页

朱永新解读：

在学校教育中，尤其是在语文教学中，听说读写能力是不可分割的四种重要能力。但奇怪的是，大部分学校和大部分父母、老师，都把眼睛盯着读和写，因为考试主要是看读与写的能力。

其实，这是舍本求末。对于孩子来说，听和说，远远比读和写重要得多。倾听不仅是人际沟通的重要能力，也是赢得尊重、理解的重要前提。不会听，就不会交往，就无法获得关键的信息。言说，是表达意见、说服别人的重要能力，也是一个人自信心的重要体现。所以，新教育实验的六大行动，把“聆听窗外声音”“培养卓越口才”作为重要的内容。

听和说是读和写的基础，读和写是听和说的发展。特别是在幼儿时期，更应该把主要的精力放在孩子的听和说的培养上，这是父母和幼儿教师必须认识的重要问题。语言本身是生动有趣的，如果一开始就把拼音、语法、修辞、逻辑等横在孩子们的面前，可能就会扼杀孩子学习语言文字的积极性。

叶圣陶的提醒，不仅对语文老师，对于父母也是十分有参考意义的。尤其是父母，在家庭中更可以随时通过交流，促进孩子听和说的能力的发展。

>> 教亦多术矣，运用在乎人，孰善孰寡效，贵能验诸身。为教纵详密，亦仅一隅陈。贵能令三反，触处自引申。陶不求甚解，疏狂不可循。甚解岂难致？潜心会本文。作者思有路，遵路识斯真。作者胸有境，入境始与亲。一字未宜忽，语语悟其神，唯文通彼此，譬如梁与津。学子由是进，智赡德日新。文理亦畅晓，习焉术渐纯。操觚令抒发，二事有可云，多方善诱导，厥绩将无伦。一使需之切，能文意乃申，况复生今世，交流特纷纭。一使乐其业，为文非苦辛，立诚最为贵，推敲宁厌频。常谈贡同辈，见浅意殷勤。前途愿共勉，服务于新民。

——《叶圣陶集》第 8 卷，第 249 页

朱永新解读：

这是叶圣陶先生 1959 年 8 月应西南师院语文社之邀，为《语文》写的一首诗词。这首诗虽然是讲语文教学之诀窍，如认为，只有遵循作者的思路才能够真正理解他的本意，进入作者的意境才能够与作者亲近，其实也是在讲父母教育之道，讲阅读与写作的方法。如他特别强调对于文本的理解，主张对每个字都不要疏忽，每句话都要领会其精神，需要反复的研磨推敲；特别强调对于写作的内在需要，强调把写作当作一件快乐的事情，二最重要的是“立其诚”，即真诚地写出自己的思想感情。

所以，在指导孩子阅读写作时，就应该尽可能让孩子走进文本的世界，“潜心会本文”，与作者进行深刻的对话。不要迷信社会上所谓的“快速阅读”，不求甚解。在指导孩子写作时，也要尽可能让孩子“乐其业”，快乐地写作，真实地记录自己的生活和思想。

写作与生活

>> 关于写作一项，最宜着眼于生活和发表的一致。如果学生不能用文字发表自己的思想与情感，不能用文字记录实际生活上的一切，那才是能力上的缺陷。不能或者不肯"应制"地说一些与实际生活全不相干的话，正是青年率真的表现，有什么不应该？有什么可以惭愧的？

习惯着"应制"作文，就不很能够亲切地发表自己的思想与情感，记录实际生活上的一切。从前颇有人做得很好的文章，可是不能写一封抒情寄意的书信；这因为他们早已把写作与生活分隔开来，而写抒情寄意的书信却是生活上的事情，所以没法应付了。可见有一些父兄的告诫和教师的教导正是学生的灾难，他们希望增进学生的写作能力，实际却在阻遏学生的写作能力。凡是不甘受灾难的青年，遇到《论王者之政必自经界始》这类的题目，只有交白卷了事，可不是？

——《叶圣陶集》第 12 卷，第 16 页

朱永新解读：

这是 1931 年 12 月发表于《中学生》杂志的一篇文章的节选。当时的国文考试题目，古怪刁钻，如有一个试题是《论王者之政必自经界始》，叶圣陶认为，这样的题目，即使做不好，也不必惭愧，因为它离我们的生活太遥远了。

我们许多教师，也喜欢给孩子布置一些古怪刁钻的作文题目，美其名曰是训练孩子做不同的练习，增

加各种经验，其实是妨碍了学生的创造性与主动性，妨碍了孩子的天真烂漫。

好的写作，应该回归生活，用心记录生活，用心表达情感和思想。

写作，是为了生活；生活，不是为了写作。写作是用来生活和交流交往的，如果能写一手辞藻华丽的文章，却无法与人沟通，无法写出抒情寄意的书信，那样的写作其实并不成功。

>> 品德教育重在实做，不在于能说会道。

譬如去年高考的作文题是《先天下之忧而忧，后天下之乐而乐》。要是有一位考生写得头头是道，有理论，有发挥，准能得高分数。但是他离开考场，挤上公共汽车，就抢着靠窗坐下，明明有一位白发老太太提着菜筐挤在他膝前，他只当没瞧见，你说这位考生的作文卷子该不该得高分数？依我说，莫说高分数，我一分也不给。他连给老太太让个座的起码的好习惯都没有养成，还有资格谈什么“先天下之忧而忧，后天下之乐而乐”吗？

也许有人说，你太认真了，那是作文，那是考试。对，是考试，在公共汽车上给不给老太太让座，这才是真正的考试，他一分也得不到。

文当然是要作的，但是要紧的在乎做人。

——《叶圣陶集》第 11 卷，第 346 页

朱永新解读：

做人比作文更重要。“文当然是要作的，但是要紧的在乎做人”，可无论在家庭里，还是在学校中，经常会出现把作文放在做人之上的现象。“一俊遮百丑”“只要分数高，管他品德好不好”，成为许多学校推荐学生的潜规则。

所以，一方面，在家庭和学校中，我们应该给孩子传授做人比作文更加重要的理念，另一方面，应该改变我们的评价方式，对于那些口是心非、言行不一

的学生，在批评教育的同时，在操行评定上也要有所体现。

“铁肩担道义，妙手著文章”，这是李大钊先生的座右铭，也应该是我们教给孩子的人生指南。既能够作文，写一手好文章，又能够做人，有情怀有担当，是我们对孩子的期待。

>> 练习写作也可以用集会讨论的办法。某一个材料值不值得写，该怎样写，就可以讨论。或许有人说，这样不免使灵感渐渐消散，终于不再想提起笔来。可是也可以说，这样与人家讨论一番，那本来朦胧的意象渐渐具体化了，甚至血肉也充盈了，这正是动笔以前最需要的准备。写成之后，也可以拿出来共同讨论。作者说，我为什么要这样写。看过作品的朋友说，你在某处写得好，为什么好，你在某处有些儿毛病，为什么是毛病，若是我，就要怎样写。就在这当儿，大家写作的眼力提高了，手法也有进步了。还可以取同一个材料大家分头写，写成之后共同讨论彼此的用心。还可以共同写一个材料，商商量量，合作到底，真正实践“集体创作”的办法。

如果有这么一个团体，参加在里头，乐趣是无穷无尽的。同时，得益也将无穷无尽。

——《叶圣陶集》第12卷，第238页

朱永新解读：

这是叶圣陶1946年4月14日为《文艺青年》撰写的一篇文章。

当时，许多年轻人向叶圣陶先生请教阅读与写作的问题。这篇文章可以看作是他对那些文艺青年的集体回答。其实，叶圣陶认为，阅读写作只是一种生活方式，因为这不是知识方面的问题，而是实践，是习惯。“如果不读什么，不写什么，先来讨论怎样读怎样写，似乎要把怎样读怎样写讨论出了个究竟，然后读然后写，那只怕是徒乱心意，没有多大用处。”[①]

但团队学习确实是一个行之有效的方法。以读书为例，在个人独读的时候，往往是“见到了这一点，未必见到那一点”[②]，难免挂一漏万。但是大家一起读，交换彼此的见解，就可以辩论、补充、交锋，“就在这当儿，大家读书的眼力加强了，从书中得到的益处增多了”。[③]

读书是如此，写作也是如此。在写作前讨论，可以使朦胧的意象清晰起来，枯萎的血肉充盈起来。作品初步完成以后，大家可以讨论批评。他特别提出了我们现在称之为“同题异构”的写作方法，即“取同一个材料大家分头写，写成之后共同讨论”，这样，大家的眼力就会提高，手法就会进步。团队学习不仅能够提高学习的效率，而且能够增加学习的乐趣，这是个体学习所无法替代的。

这里，叶圣陶先生已经涉及我们今天所谓的“团队学习”与“学习共同体”问题了。无疑，在我们指导孩子读书写作时，也要尽可能让他们有好的伙伴，享受与大家共同阅读、写作的乐趣。

---

① 《叶圣陶集》(第 12 卷)，第 237 页。

② 《叶圣陶集》(第 12 卷)，第 237 页。

③ 《叶圣陶集》(第 12 卷)，第 238 页。

写作是最起码的修养

>> 我以为青年试作文艺是好事情，但必须先有最起码的修养，就是：能运用文字把自己所知所想的东西写出来，明白而有条理，没有理论上和语法上的错误。一张请假条都写不好或一篇演讲记录都记不来的人，他决没有试作文艺的能力；不相信，定要去试作，也不过胡搅一阵罢了，实在没有什么意思。这一点最起码的修养，本是无论什么人都该有的；一个人若不能运用文字把自己所知所想的东西写得明白而有条理，他就算不得一个合格的公民。现在有些青年以为写东西只要提笔写下去就成，不很顾到所写的明白不明白，有条理没有条理。我要爽直的说，这是一种要不得的习气。这种习气会使你写不好一张请假条，记不来一篇演讲记录；这种习气会使你终身得不到写作的实益。

——《叶圣陶集》第 9 卷，第 112 页

朱永新解读：

这是叶圣陶先生 1941 年在《抗战文艺》创刊号上发表的一篇文章。当时有许多文学青年喜欢读巴金的小说，喜欢写各种各样的诗歌散文小说，自认为是文艺爱好者。叶圣陶先生告诉他们，爱好文艺固然是好事情，但是如果一个人连基本的文字功夫也没有，就不要轻易谈什么文艺创作。

其实，与爱读文学书、亲近文学、欣赏文学不一定成为作家一样，写作写得流畅清晰、有条有理，也

不一定成为作家。从小事做起，把一张小小的请假条写好，把一次小小的演讲记录好，把自己所想所知的东西清楚明白地表达出来，是最基本的写作训练。没有这样的功夫，就不可能成为什么真正的文艺爱好者，更不可能成为作家。

让孩子学会清晰地表达自己的思想，流畅地写出自己的心声，这是最基本的修养。只有从这里出发，才能够驶往人生的任何一个港湾，包括成为真正的文艺爱好者，真正的作家。

文学是从生活流淌出来的

>> 文学是生活的源头上流出来的江河溪沟，不是与生活离立的像人工凿成的池子似的东西。一个人生活充实，表现出来有种种方式，道德、学问、事功都是，而文学是其中之一。生活在先，文学在后。生活充实的人不一定要弄文学，不弄文学的人却也一定要求生活充实，如果单说文学修养该怎么怎么，就等于说为文学而求生活充实，这显然有些本末倒置。

——《叶圣陶集》第 9 卷，第 120 页

朱永新解读：

这是 1943 年叶圣陶先生为《文学修养》杂志撰写的一篇文章的片段。叶圣陶认为，作家的人生观、世界观对他们的创作具有重要的影响。但人生观、世界观不是刻意表现出来的，而是在他们的“一言一笑一思一感之间”[①]。文学是一个浑然的整体，就像一股活水，“时时流动，时时进展，却分不开这一部分与那一部分”[②]。真正的文学，是从生活里流淌出来的。

亲爱的教师和父母们，孩子是否成为文学家并不重要，重要的是让他们的生活真正地充实起来，经验才是人生最大的财富。有了丰富的生活经验，有了丰富的人生体验，孩子一定能够走得更远。一旦真正拥有这些，写作对于孩子而言，只是以笔代口地说话而已。

---

① 《叶圣陶集》（第 9 卷），第 121 页。

② 《叶圣陶集》（第 9 卷），第 120 页。

遵循法度与创造法度

>> 作文而舍弃法度，全凭兴会或灵感，我怎敢说这是绝对不应该的。但是，假若自问不是特殊的天才，还是在这里那里顾到一点儿，审慎一点儿，这样做的时候，总不至于耗费了笔墨，徒然使自己不满意。因为所谓特殊的天才，他固然舍弃法度，而同时也创造法度。要是创造不出什么，一方面却又不屑一顾，哪有不成一团糟的……
画人物先习素描，学唱歌先练声音，往后的造诣如何高深伟大是无限量的；但是越过了在先的阶段，拿起画笔就瞎涂，拉直喉咙就乱喊，将会成就些什么呢？

——《叶圣陶集》第9卷，第175页

朱永新解读：

这是叶圣陶先生以秉丞为笔名在《小说月报》上发表的一篇短文，告诉那些学习写小说的人：学有法而无定法。就像学习绘画、唱歌等一样，可以先从学习素描、练发声等开始学起，打好基础，以后的发展才不可限量。写文章也是如此，应有基本的章法。仅仅靠灵感兴会，是走不远的。所以，从一般规律来说，学习需要循序渐进，需要从遵循法度走向创造法度。

当然，一切都有例外。无论是绘画、唱歌，还是写作，对于那些“天才”来说，打破一些常规，即使没有按照“法度”逐步前行，而是按照其兴趣信笔涂鸦，也未尝不可。

问题在于：如何发现“天才”呢?

我们其实并没有发现“天才”的确定标准。那么，我们不妨对所有的孩子更加宽容一些，耐心一些，允许他们一开始不遵循法度，直接进入创造法度的阶段，让兴趣成为孩子最好的老师。当孩子真正爱上一种适合自己的创造体裁，灵感自然会喷涌而出。

亲爱的教师和父母们，我们不妨把自己的孩子都视为特殊的天才儿童，热切期待，永远耐心，去更多地了解自己的孩子，帮助孩子发现自己的天赋所在，鼓励孩子在自己的天空自由地翱翔。

写最熟悉亲切的事物

>> 我们希望你们写那些知道得最亲切的东西。一个人物，只在你们面前现了一现，你们不必写他，因为知道得不亲切。一件事情，只叫你们认识了十分之二三，你们不必写它，因为知道得不亲切。必须观察得非常周到，不但这个人物显露在外面的容貌，就是他隐藏在内面的心情也大略有数，这才把他写下来。必须认识得非常清楚，不但这件事情的经过情形，就是它的前因后果也完全明白，这才把它写下来。这样写的时候，没有勉强，不用含糊，好像泉水那样自然地活泼地流着泻着，是你们极大的愉快。

——《叶圣陶集》第 9 卷，第 191 页

朱永新解读：

许多父母经常把写作当做一门技艺，送孩子到各种各样的写作培训班去学习。写作固然是有方法和技术的，但是比方法和技术更加重要的，是生活。生活，才是写作的源头活水。写作中自然需要想象和创造，但这些必须基于生活。只有写自己熟悉的东西，才会亲切、自然、轻松、愉快。

学生经常会面临“命题作文”的困境，感到无话可说，这与缺乏生活有很大的关系。所以，一方面，要尽可能充实自己的生活，不能把自己关在狭小的教室和家庭里，应该丰富自己的阅历和经验；另外一方面，要尽可能写自己熟悉的人与事，即使命题作文与这些人和事没有直接的关系，也可以通过自己的解读，把它与自己熟悉的人与事巧妙地联系起来。

练习与成功

>> 练习和成功，实际上是划不清界限的。某年某月以前是练习的时期，某年某月以后是成功的时期，在任何作家的生活史里都难有这样地指说。不断地写作就是不断地练习，其间写作得到了家的一篇或是几篇就是成功的作品。所以在写作的当儿，成功与否尽可以不问，所要问的是，是否尽了可能的力量，是否运用了最能干最坚强的手腕。

——《叶圣陶集》第9卷，第207页

朱永新解读：

写作只有在写作中培养。

叶圣陶认为，写作其实是没有多少捷径的，需要“训练一副熟悉的手腕”。要做到得心应手，就必须常常去做，规规矩矩去做，就像练习绘画先画木炭画，练习雕塑先雕一手一足一样。所以，从写信、写日记、写随笔开始，进行基本的练习非常重要。

总之，叶圣陶认为，写作是“行”的事情，不是“知”的事情。不断地练习，就是不断地走向成功。至于何时算成功了，并不重要，也没有一个绝对的标准。关键是，任何时候都能够尽心尽力，全力以赴，成功就是迟早的事情。

作文是生活的一部分

>> 作文不该看作一件特殊的事情，犹如说话，本来不是一件特殊的事情。作文又不该看作一件呆板的事情，犹如泉流，或长或短，或曲或直，自然各异其致。我们要把生活与作文结合起来，多多练习，作自己要作的题目。久而久之，将会觉得作文是生活的一部分，是一种发展，是一种享受，而无所谓练习：这就与文字产生的自然程序完全一致了。

——《叶圣陶集》第 15 卷，第 58 页

朱永新解读：

这是 1930 年叶圣陶先生为《中学生》杂志的创刊号所写的文章。针对许多中学生感到写作文很困难、无话可说的情况，叶圣陶告诉他们，其实写作文并不难。只要有心，到处是文章的题目和来源：听课有新的想法和发现，运动和游戏有新的感受和见闻，读书有新的感动和收获，校内的各种集会，校外的各种考察，应该是说不尽道不完的。如叶先生所说："你只要随时反省，就觉得自己胸中绝不是空空洞洞的；随时有一些意思情感在里头流衍着，而且起种种波澜。"①

这一切，如果不去及时把握，它们就会烟消云散，了无痕迹；如果随时记录下来，虽然不一定是不朽之作，但因为是自己所想所感，在个人的生活史上

① 《叶圣陶集》(第 15 卷)，第 57 页。

一定会具有很大的价值。

亲爱的教师和父母们，一定要告诉孩子，不要把写作看成是负担，那就会像挤牙膏一般难受，而要把写作看作是享受，看作是生活的一部分，那样才会得到一吐为快、挥洒自如的感受。

阅读是写作的基础

>> 有些人把阅读和写作看作不甚相干的两回事，而且特别着重写作，总是说学生的写作能力不行，好像语文程度就只看写作程度似的。阅读的基本训练不行，写作能力是不会提高的。常常有人要求出版社出版“怎样作文”之类的书，好像有了这类书，依据这类书指导作文，写作教学就好办了。实际上写作基于阅读。

——《叶圣陶集》第 15 卷，第 180 页

朱永新解读：

说生活是写作的源头活水，其实也包括了阅读。因为孩子们的生活总是有限的，不可能事事去实践，去体验，去探索。这时，阅读是生活的扩展，或者说，是另外一种生活。孩子们的更多生活经验是间接经验，是来自阅读。

当然，对于学生来说，阅读不仅是生活，也是学习本身。阅读不仅给学生以许多阅历与经验，也教给他们语言表达与修辞方式。在阅读的浸淫下，学生不知不觉就亲近了写作、喜爱了写作并学会了写作，正如过去常说的，“熟读唐诗三百首，不会作诗也会吟”。

亲爱的教师和父母们，与其给孩子买许多作文指导书，不如让他们读那些伟大的著作，与那些伟大的灵魂对话。让孩子们的心灵被那些美妙丰沛的生活充满，就像一块肥沃的土地，会自然结出优美的作文之果。

养成写作能力

>> 要养成写作能力，第一宜着眼于生活和发表的一致；说明白点，就是发表的必须是自己的意思或情感，同时又正是这意思或情感。花言巧语能写几篇文字有什么用处呢？必须与生活相一致，写作才有意义。至于文体，语体文和文言文原没有划然的界限。然而就亲切、便利等条件着想，语体文应该普遍地被应用是无疑的。

——《叶圣陶集》第 13 卷，第 30 页

朱永新解读：

叶圣陶关于写作有许多论述，其中，亲切、自然、说心里话、反映真实的生活与真实的情感，是基本的要求。写作固然有技巧，有章法，需要好的遣词造句，好的文章结构，但是，所有这些，如果违背了前面这些原则，再花言巧语也是无济于事的。叶圣陶认为，其实文体没有我们想象得那么重要，白话文与文言文，都可以做到亲切、自然，也都有可能变成干巴巴的八股文。但是相对来说，口语化的白话文更接近现代人的日常生活，自然应该成为首选。

阅读与写作需要生活经验

>> 学习文艺，分开来说有两件事情：一是学习阅读文艺，一是学习写作文艺。两件事情一样的需要生活经验作底子……

好的作品人人可读，但是不能人人得到受用。那些得不到受用的人就吃亏在自己的生活经验太差，不够与好作品的作者作朋友。听听他的心声，从而使自己的生活经验更充实。

提起笔来人人可以写作品，但是不能人人写来像个样儿。那些写不像个样儿的人就吃亏在自己的生活经验太差，好比一棵缺乏养料的草木，机能不旺，无论如何开不出茂美的花，结不出丰满的果来。

——《叶圣陶集》第9卷，第132—133页

朱永新解读：

叶圣陶先生这里说的学习文艺，包括两个重要组成部分，一个是学会阅读文艺作品，另外一个是学会写作文艺作品。他认为，这两件事情都需要具有生活的经验作为基础。为什么呢？从阅读的层面来说，如果缺乏生活经验，就很难发生与作者的情感共鸣，也很难真正理解作者的思想。从写作的层面来说，如果缺乏生活经验，写出来的东西也就离生活很远，就缺乏真实而感人的力量。所以，根深才能叶茂，缺乏生活经验的人，就像一棵缺乏养料的草木，“机能不旺，无论如何开不出茂美的花，结不出丰满的果来”。只有生活的经验丰富了，才能够写出真正引起人们共鸣的好作品来。

语言和思维密切相关

>> 语言与思维密切相关，语言说得好在乎于思维的正确。因此，锻炼思维极关重要。思维要锻炼得经常有条有理，一步一步地想丝毫不乱，而且没有不相干的东西搀杂在里边，说出来的语言才是正确的有效的语言。

——《叶圣陶集》第11卷，第365页

朱永新解读：

语言与思维的确是紧密联系、相辅相成的。思维是人脑的机能，是对外部现实的反映；语言则是思想的直接现实，是实现思维、巩固和传达思维成果即思想的工具。思维的发展推动语言的发展，语言的发展又反过来促进思维的发展。语言的流畅清晰在于思维的流畅清晰。我们读那些翻译作品，能够清晰地感受到这一点。很多语言生硬难以理解的翻译作品，大部分是译者没有完全理解原作的要义。所以，要说得明白，首先要想得清楚。训练思维很有必要。

作文必须老实

>> 作文不是生活的点缀，而是生活的必需，跟说话完全一个样。作文就是说话，是用笔来说话……说话作文必须老实，又必须说得明白，写得明白。如果说虚假的话，写违心之论，那是不道德。如果说些不明不白的话，词不达意，人家没法领会你的意思，说就等于白说，写也是白写。

——《叶圣陶集》第 15 卷，第 203 页

朱永新解读：

叶圣陶先生一直认为，写作与阅读一样，不是为了考试，也不是为了成名成家，而是为了日常生活。为什么说写作是为了日常生活呢？因为写作其实就是说话，是用笔来说话。人与人之间的沟通、交往，语言是很重要的工具。而人与人之间的矛盾、冲突，很大程度上也是沟通不够产生的误会。所以，把话说清楚，把意思表达明白，是语文教育的基本功能，也是写作教学的基本出发点。如果学习语文，学习写作，结果连话也不会说，词不达意，一定是我们的教育出了问题。

作文上的求诚实

>> 我们从正面与反面看，便可知作文上的求诚实含着以下的意思：从原料讲，要是真实的、深厚的，不说那些不可征验、浮游无着的话；从写作讲，要是诚恳的、严肃的，不取那些油滑、轻薄、卑鄙的态度。

我们作文，要写出诚实的、自己的话。

——《叶圣陶集》第15卷，第19页

朱永新解读：

诚实，不仅是作文的底线，也是做人的底线。叶圣陶先生一再强调，作文应该诚实。他从两个方面讲述了诚实的价值和意义。一是取材的诚实，作文的素材应该是真实可靠的，不是毫无根据的胡编乱造，“不说那些不可征验、浮游无着的话”。二是写作的诚实，用诚恳、严肃、认真的态度来写作，而坚决不取那些“油滑、轻薄、卑鄙的态度”。总之一句话，要写出自己的亲历故事，真情实感。感动自己，才能感动别人。

作文要在平时训练学生抒发情感

>> 作文就是用笔而不用口来发表意见，抒发情感。根本在于学生有没有意见要发表，有没有情感要抒发。如果没有，那是整个学校教育的失败，不仅是语文教学的失败。学生都成为木头，岂不是整个学校的失败。如果有，那不妨先让学生说说看。口里说得出，说得清楚明白，笔下写出来也必然不会差。词汇少，用词不确切，都是平时习惯了的事，要在平时给他们训练。平时不管，单在作文的时候希望学生怎样怎样，当然只有失望而已。

——《叶圣陶集》第 25 卷，第 51 页

朱永新解读：

作文的功夫在日常，在平时，在丰富的生活体验，而不是在课堂，在考场，在作文的时候。这就是古人所说的“功夫在诗外”。叶圣陶先生认为，其实写作文并不难，作文就是用笔来说话，我手写我心。不在于你会说不会说，而在你有没有话要说，有没有情感要表达。如果一个学生没有话要说，没有意见和情感要表达，这首先就是语文教育的失败，当然更是整个学校教育的失败。一所学校，没有让学生生动活泼，没有让学生热情洋溢，没有让学生有表达、创造的欲望，只是像木头一样，当然就是一所糟糕的学校。所以，让学生写好作文，就是要让他们有丰富的生活，鼓励他们勇于表达、善于表达。

所谓好文章

>> 写文章不是什么神秘的事儿，艰难的事儿。文章的材料是经验和意思，文章的依据是语言。只要有经验和意思，只要会说话，再加上能识字会写字，这就能够写文章了。岂不是寻常不过容易不过的事儿？所谓好文章，也不过材料选得精当一点儿，话说得确切一点儿周密一点儿罢了。

——《叶圣陶集》第 10 卷，第 218 页

朱永新解读：

作为一位大作家，叶圣陶一直致力于消除写作的神秘性，破除写作的神话，帮助学生克服写作的畏难情绪。他认为写作有三个门槛很低的条件，一是要有经验和意思，也就是说有生活的经验。每个人都有自己的独特生活，留心一下自己的生活，多参与各种活动，经验自然就丰富了。二是要会说话，也就是说有基本的表达能力，把想说的东西写下来，就是文章了。三是能识字会写字，这也是不成问题的，小学生认字写字的能力在低年级就基本完成了。所以，围绕这三个方面修炼，就一定能够写好文章了。

文章必须从生活里产生

>> 文章必须从真实生活里产生出来。把真实生活里所不曾经验过的事勉强拉到笔底下来，那是必然失败的勾当。人固然不必为写文章而留心自己的生活。但是做了人就得担负人的责任，就得留心自己的生活。有了充实的生活才有好文章。

——《叶圣陶集》第10卷，第245页

朱永新解读：

关于文章必须从生活里产生，是叶圣陶先生一直坚持、反复强调、不断重复的基本观点。对于大部分人来说，“把真实生活里所不曾经验过的事勉强拉到笔底下来，那是必然失败的勾当”。中小学生的作文中经常出现编造出来的故事，捡到钱交给警察叔叔，帮助老人过马路等，情节雷同，内容相似，根本无法感动人，就不可能是好文章。那么，虚构类的文学作品如科学幻想、小说等是否需要生活？其实也是需要的。没有丰富的生活经验与知识储备，同样很难写出好的作品。

写作要『立诚』

>> 写作就是说话，为了生活上的种种需要，把自己要说的话说出来；不过不是口头说话，而是笔头说话……写成的文字平凡一点，浅近一点，都不妨事；胸中只有这么些平凡的经验和浅近的情思，如果硬要求其奇特深远，便是勉强了。最要问清楚的是：这经验和情思是不是自己胸中的？把它写出来是不是适应生活上的需要？如果是的，那就做到了一个“诚”字了；写作和说话一样，“立诚”是最要紧的。

——《叶圣陶集》第 13 卷，第 80—81 页

朱永新解读：

写文章为什么要“立诚”？因为说真话才能感动人。连自己都不相信，连自己都不能被感动的文章，怎么可能让别人相信，怎么可能去感动别人？叶圣陶认为，写作其实一点也不难，写作就是说话，就是把自己想说的话用笔写下来，把自己日常“平凡的经验和浅近的情思”记录下来。所以，不需要刻意地去“拔高”，不要刻意地去追求什么“奇特深远”，那些平凡、浅近的文字，往往是最真实的，离人民最近的，也是最能够引起共鸣的。

学习文艺的根源是生活经验

>> 学习文艺的人，或是阅读，或是写作，就凭他当时所有的生活经验来理解，来创造。理解与创造的方法固然有百般，可以写成论文，写成专书，但大多是些枝节。理解与创造的根源却只有一个，那就是生活经验。生活经验充实，理解与创造起来决不会粗浅，即使不讲什么方法。生活经验欠充实，理解与创造起来决不会精深，即使讲尽了种种的方法。

——《叶圣陶集》第 9 卷，第 133 页

朱永新解读：

叶圣陶反复对那些学习文艺的年轻人说，阅读和写作是离不开生活经验的。没有生活的经验，我们无法深刻地理解许多伟大的文学作品，也无法写出真正能够感动别人的文章。他指出，虽然写作的题材、文体、方法不同，但是有一条基本的规律——“理解与创造的根源却只有一个，那就是生活经验”。生活经验比写作方法与技巧更重要。生活经验丰富了，阅读时的理解会更深刻，写出来的东西也会更深刻。如果没有生活，你的技巧方法再多，辞藻再华丽，也无法真正地打动人心。

作自己要作的题目

>> 作文不该看作一件特殊的事情，犹如说话，本来不是一件特殊的事情。作文又不该看作一件呆板的事情，犹如泉流，或长或短，或曲或直，自然各异其致。我们要把生活与作文结合起来，多多练习，作自己要作的题目。久而久之，将会觉得作文是生活的一部分，是一种发展，是一种享受，而无所谓练习：这就与文章产生的自然程序完全一致了。

——《叶圣陶集》第15卷，第58页

朱永新解读：

作文自然是需要练习的，但是如果没有真实的生活，无论怎样的练习都是在做无用功。叶圣陶提出，不要把写作看成是一件什么特殊的事情，其实就与我们平常的说话一样；也不要把写作看成是一件呆板的事情，没有什么固定的格式和规矩，可长可短，可曲可直，完全可以像自然流淌的泉水一样，“各异其致”。他主张，应该享受写作的过程，把自己生活的感受表达出来，无须太多的刻意练习。写作只有在写作中成长，关键是不要有畏难的情绪和机械的教条。

思想依傍语言

>> 思想不能空无依傍，思想依傍语言。思想是脑子里在说话——说那不出声的话，如果说出来，就是语言，如果写出来，就是文字。朦胧的思想是零零碎碎不成片段的语言，清明的思想是有条有理组织完密的语言。

——《叶圣陶集》第 15 卷，第 118 页

朱永新解读：

思想、语言、文字，其实是同一件事情的三种形式。从哲学的角度来看，思维和语言是相互依存、相互促进的。语言是现实的思维，是思维的物质外壳，又包含着思维的内容。思维的发展推动语言的发展，语言的发展又促进思维的发展。所以，思想离不开语言，语言也离不开思想。所以，叶圣陶认为思想（思维）就是在头脑中借助语言的外壳（词汇）说无声的话，通过嘴巴讲出来就是语言了。如果用笔写出来，就是文字、文章了。思想（思维）的清晰是语言有条理有逻辑的前提。所以，要训练写作、说话，离不开思维的训练。

新教育实验中，无论是师生共写随笔，还是读写绘项目强调学生的口头表达与绘画语言，或者是真正意义的教育叙事，都具有训练教师与学生的思维的作用。

阅读与写作有密切的关系

>> 国文教学自有它独当其任的任，那就是阅读与写作的训练。学生眼前要阅读，要写作，至于将来，一辈子要阅读，要写作……阅读是吸收，写作是倾吐，倾吐能否合于法度，显然与吸收有密切的关系。

——《叶圣陶集》第13卷，第43页

朱永新解读：

语文教学的基本任务是听说读写能力的培养。其中，阅读与写作不仅是学校教育需要培养的最基本的能力，也是人一生需要的基本素养，是我们一辈子需要做的事情。叶圣陶先生认为，阅读与写作有着直接的关联，其中阅读是吸收，写作是倾吐。吸收得如何，会直接影响到倾吐（表达）得如何。所以，阅读是写作的基础，是语文教学的基础，也是整个教育的基础。

第八章

父母必须担起教育的责任
——家庭教育论

导语

儿童早期的经验对于人一生的影响，怎么评估也不过分。家庭教育的作用，与儿童“先入为主”的心理效应分不开。儿童不仅是家庭中的子女，学校中的学生，更是国家的儿童，善待儿童，就是善待未来。在家庭教育中，母亲具有不可替代的重要作用，“欲使家庭教育之得宜，舍母无所属焉”。同时，父亲在家庭教育中的作用也是不可或缺的。父母做好家庭教育的关键，是要懂得儿童心理特点，有针对性地进行教育。儿童不是杯子，也不是瓶子，我们的教育要能够真正融化在儿童的思想、感情、行动里，要考虑儿童的心情与个性。家庭教育要有科学的方法和途径，要让孩子享受幸福和快乐。应该鼓励他们自我探索和努力，不要为孩子代劳，让孩子尽可能做自己力所能及的事。要关注儿童阅读、游戏、动手能力的培养。走进孩子的内心深处，关注孩子的真正需要，帮助孩子更好地成长，才是真正的爱。

>> 请学生的家长们也读一读这篇调查摘要。像这样的出自内心的呼声，你们过去听见过吗？你们都希望孩子成才，这是当然的。进大学是成才的一条道路，可不是唯一的道路。再说，进了大学还得看自己肯不肯学，会不会学。从这一点来说，进不进大学一个样。不进大学，要是自己肯学，自己会学，同样可以成才。所谓成才，就咱们这个社会的标准来说，就是成为一个对社会主义建设有用的人，能进大学固然好，不进大学，通过其他种种道路，同样能够达到这个目标。高中毕业生只有一小部分能进大学，这个情况在本世纪内大概不会有多大改变。所以孩子进不了大学，千万不要责备他们，把孩子逼坏了，甚至逼死了，那就成为毕生的遗憾了。

——《叶圣陶集》第 11 卷，第 320—321 页

朱永新解读：

1981 年 10 月 31 日，87 岁的叶圣陶先生在听了其子给他念的第 20 期《中国青年》杂志上刊载的《来自中学生的呼吁》之后，心急如焚，当晚就写下了《我呼吁》一文。他描述当时的情况，是“念的人声音越来越哽咽，我越听越气闷难受”[①]。

于是，他把这篇文章推荐给教育部、各级教育行政部门、大专院校、中小学领导和教职员、新闻媒体

---

① 《叶圣陶集》（第 11 卷），第 318 页。

和出版社的编辑，也推荐给有关的父母们。这里就是其中关于父母的内容。

40 年过去了，孩子们的课业负担仍然沉重，父母们仍然那样逼着孩子走考试的独木桥。所以，再听听叶圣陶的呼吁吧！条条大路通罗马，上大学只是孩子的一种选择，能够成为一个自食其力，对社会有用，自己问心无愧的人，成为一个内心宁静的幸福的人，比什么都重要。

所以，亲爱的父母们，请不要逼迫孩子吧。孩子内心不愿走的路，即使勉强去走，最后往往也是绝路。走上那样的路，可能会成为父母与孩子毕生的遗憾。

养不教父母过

>> 教育是附丽于人而后显出它的作用的，离开了人，也就没有教育了。所以说教育的错失，意思就是负有教育责任的人的错失。对婴儿和孩子负有教育责任的，当然是父母。做父母的倘若没有好的教育，也没有可以改正的不好的教育，只是不教育，就是一个重大的错失。婴儿和孩子时期，在一个人的一生中多么紧要，一切人类的理解习惯，都从此时获得；若能受到好的教育，岂不更可以超越地进取；反过来说，倘若受不到一点教育，就是极深重地被损害。而父母便处于损害者的地位，因为他们是负有教育责任的人，但是并没有教育他们的子女。

——《叶圣陶集》第 11 卷，第 49 页

朱永新解读：

“养不教，父之过。”这是中国传统的家教观念。但是，在现代社会，确有许多父母把教育的责任简单交给学校和老师。其原因，一是的确不具备教育孩子的基本知识和技能，干脆往老师那里一推了之；二是用工作忙事情多为借口，躲避教育的基本责任。

叶圣陶认为，婴儿和幼儿时期对于人的一生有关键的影响，所有的认识和习惯的基础都是这个时期打下的。所以，这个时期家庭中父母的影响和教育就显得格外重要。教育当然有正确和错误之分，父母不是天生的教育家，许多教育经验和理念是在实践中学习和体认的。犯点小错误也没有关系，最可怕的是“不教育”，这才是最大的错误。勇敢地负起教育孩子的责任，这是父母必要的担当。

教育是父母对孩子的深爱

>> 父母爱自己的子女，喜欢给他们吃肥美的食物，穿温厚的衣服。这固然不错：子女身体上的要求，父母能使他们满足，不能说这并不是爱。但是能够给子女以教育，更是深浓强烈的爱，因为饱了他们心灵的饥饿，暖了他们心灵的寒冷了。若能适宜地生育子女，一一予以教育，当然是父母的深爱；倘若自知不能教育而不生子女，也见得对于未生者的无穷的爱。

——《叶圣陶集》第 11 卷，第 51 页

朱永新解读：

现实生活中我们经常可以看到，许多父母比较重视满足孩子的身体的需求，挑最好的食物给孩子，买最好的衣服给孩子。他们认为这就是对孩子的爱。其实不然。真正的爱，是给孩子心灵上的关怀，是给孩子合适的教育。叶圣陶认为，教育子女本身是事业的重要组成部分，是作为一个成人的基本义务和责任。如果放弃了这个责任，“就是不爱自己的子女，就是不应当有子女”[①]。

也就是说，如果父母自觉缺乏教育子女的能力时，不妨先不要忙着生孩子。与其让孩子不能够得到合适的教育，还不如先不要让他来到这个世界。这也是对孩子的深爱。

---

① 《叶圣陶集》（第 11 卷），第 50 页。

>> 儿童一切观念皆以先入为主，夫人而知之矣。当八九岁之时，正儿童渐与外物相接触而增进其智识之时也，于斯时无论何事，印入其脑中即深镂而不可拔。试观老年人，于年壮时之事每不能记忆，而于儿时之事则历历能数记之，无丝毫爽。是可知矣。

然儿童一切观念，岂尽以先入为主哉？大半每因接触外物之久暂，而定其印入脑中之深浅。

儿童于八九岁时所接触者何？非学校即家庭耳，则亦无所谓先入后入也。然一日三分计之，学校得其一分，家庭得其二分，在学校之时间少，居家庭之时间多。况学校有假日，而家庭无一日离，家庭久而学校暂，从可知之。

学校中之接触，得之于师者，必无戕贼儿童之智识道德，可决言也。然而处学校之时既暂，家庭中之接触苟有戕贼儿童智识道德之事，则儿童将弃其学校中所得而就家庭。甚矣家庭教育之不可忽也，偶一不慎即生弊病。

——《叶圣陶集》第 11 卷，第 3 页

朱永新解读：

家庭教育与学校教育，在儿童不同的发展阶段具有不同的作用。越是年幼的时候，家庭教育的作用就越大。尤其是在中小学阶段，更不能忽视家庭教育的作用。

叶圣陶认为，在小学阶段，家庭教育的作用甚至

远远超过学校教育，因为孩子们大部分的时间是在家庭中度过的。而且“家庭久而学校暂”，学校有休息日节假日，家庭则无一日可以离开。

家庭教育的作用，与儿童“先入为主”的心理效应分不开。儿童早期的经验对于人一生的影响，怎么评估也不过分。为什么人们对于年幼的事情能够历历在目记忆犹新，而对以后发生的事情则记忆模糊？原因就在于儿童年幼时接触的东西阅读的材料能够“印其脑中即深镂而不可拔”。

母亲是孩子最主要的榜样

>> 我敢告儿童之母曰：凡有戕贼儿童智识道德之事，不可行之，不可言之，行则为儿童所模仿，言则为儿童所听从。儿童所至信者莫如母，为之母者，苟能于其学校中之所得，为之阐解，以补其不足，使学校家庭之教育不相离异，在儿童接触既多，导之者均为至信之人，则其正确之观念乃得以永不挠动。万不可儿童在学校则闻祛迷之言，归家则告以“勿作此想，且将雷殛”，致心志反成束缚，学校之教育亦如未受也。

虽然，此特其一端耳，他如吸烟，博弈，所患尤有甚于此者，在学校之所得不足以偿在家庭之所失。女子之教育不讲，他日为人母，谁不若是？吾草此篇，吾怜儿童，吾尤怜儿童之母矣。妇女教育，今日何可缓哉？

——《叶圣陶集》第 11 卷，第 4 页

朱永新解读：

母亲是人生第一位老师。

儿童寄生于母体，在十月怀胎的全程中感受着母亲。离开母体，第一眼看到的也是母亲。他的新生儿时期，是在母亲的怀里成长。作为幼儿或者小学生，在这个世界上，与他相处时间最长的人，一般也是母亲。所以，叶圣陶先生说：“欲使家庭教育之得宜，舍

母无所属焉。”

儿童在与成人交往的过程中学习语言、行为，并形成习惯。成人的言语和行为，就是他们言语和行为的模板、榜样，其中最关键的人物自然就是母亲。中国古代的胎教学说，就曾经要求母亲“非礼勿视”“非礼勿言”“非礼勿听”。而现代行为主义心理学的“模仿论”“社会学习理论”也都把成人的榜样放在十分重要的地位。所以，父母，尤其是母亲，不能够做任何“戕贼儿童智识道德之事”，因为他们的教诲、行为，会被儿童所言听计从、效法模仿。

也正因如此，母亲教育、女子教育，就显得特别重要。

不为孩子代劳

>> 善于教育的父母教幼儿自己穿衣自己洗脸，做种种的事，只要是幼儿做得到的，至多给他们做点儿准备帮点儿忙，决不替他们代劳。

为什么说这样做的父母善于教育呢？因为他们懂得独立生活对子女的重要意义，又能在子女的幼儿时期就用适当的方法培养他们独立生活的能力。所谓适当的方法，不难了解，也不难办，只要是子女做得到的，就让他们自己做，决不代劳——如此而已。

——《叶圣陶集》第 11 卷，第 229 页

朱永新解读：

这是叶圣陶先生 1956 年 8 月为《中国青年》杂志撰写的文章。这篇文章是针对许多青年人不会料理个人生活而撰写的。很多青年人不会管理自己的基本生活，不会买车、船票，不会做饭菜，不会接待朋友，不会采风问俗等，这样就给生活带来了许多不便。

这些人之所以这样，往往与他们孩提时父母的养育方式有关。因为他们的父母大部分是包办代替类型的。为此，叶圣陶要求父母不能够轻易为孩子代劳，从吃饭穿衣开始，凡是孩子自己能够做的事情，一定要让孩子自己去做，最多给予必要的帮助和支持，但是绝对不能够代劳。

孩子总要独立地走向世界，走向生活的。父母不能够永远成为孩子的帮手、孩子的拐棍。所以，从小开始，培养孩子的独立性，让孩子自己的事情自己做，是家庭教育的黄金法则。

希望儿女胜似我

>> 对于儿女也有我的希望。

一句话而已，希望他们胜似我。

所谓人间所谓社会虽然很广漠，总直觉地希望它有进步。而人是构成人间社会的。如果后代无异前代，那就是站在老地方没有前进，徒然送去了一代的时光，已属不妙。或者更甚一点，竟然“一代不如一代”。试问人间社会经得起几回这样的七折八扣呢！凭这么想，我希望儿女必须胜似我。

……我希望他们与我不一样：至少要能够站在人前宣告道，“凭我们的劳力，产生了切实应用的东西，这里就是！”其时手里拿的是布匹米麦之类；即使他们中间有一个成为玄学家，也希望他同时铸成一些齿轮或螺丝钉。

——《叶圣陶集》第 5 卷，第 314—315 页

朱永新解读：

“要钱干什么，养儿胜似父”。这是流传很久的民间话语。每一个父母都希望儿女能够超过自己，这也是任何时代父母对于儿女的真诚期待。叶圣陶也不例外。

但是，叶圣陶的胜似或者超过，更多是站在社会的角度来思考的，是希望长江后浪推前浪，一代更比一代强；希望儿女真正成为一个对社会有用的人。他用自己爬山会气喘等来比较，希望儿女有更加强壮的身体和明澈的心灵。更重要的是，希望能够做一个实实在在的劳动者、创造者。

不一定非让孩子进好学校

>> 学校，我想也不是与儿女有什么了不起的关系的。学习一些符号，懂得一些常识，结交若干朋友，度过若干岁月，如是而已。

……

一定要有理想的小学才把儿女送去，这无异看儿女作特别珍贵特别柔弱的花草，所以要保藏在装着暖气管的玻璃花房里……

何况世间为生活所限制，连小学都不得进的多得很，他们一样要挺直身躯立定脚跟做人。学校好坏于人究竟有何等程度的关系呢？

——《叶圣陶集》第5卷，第313—314页

朱永新解读：

对于那些热衷于择校的父母来说，叶圣陶的这番话可谓是一剂清凉药。其实，学校的好坏优劣固然会对孩子的发展产生不同的影响，但是如果不惜一切代价去为孩子择校，也是大可不必的。理由有二：第一，学校的作用往往被片面地扩大了，学校里只不过是“学习一些符号，懂得一些常识，结交若干朋友，度过若干岁月，如是而已”，家庭对孩子的影响其实远远大于学校。第二，选择好学校无疑把孩子装进保险的“无菌箱”里，“这无异看儿女作特别珍贵特别柔弱的花草，所以要保藏在装着暖气管的玻璃花房里”，一旦

孩子离开这样的环境，反而容易无法适应。叶圣陶是这样说的，也是这样做的，他没有利用自己做教育部副部长和人民教育出版社社长的特权，为自己的孩子找北京最好的学校，相反，为他们选择了家门口的普通学校。事实也证明，这些对他们的发展没有什么消极的影响，而且帮助他们学会了自立自信自强。当然，作为政府，应该尽可能办好每一所学校，尽可能缩小学校之间的差别。

父母应该是教育专家

>>“教育是专家的事业”，这句话近来几乎成了口号，但是这意义仿佛向来被承认的。然而一为父母就得兼充专家也是事实。非专家的专家担起教育的责任来，大概走两条路：一是尽许多不必要的心，结果是“非徒无益，而又害之”；一是给了个“无所有”，本应在儿女的生活中给充实些什么，可是并没有把该给充实的付与儿女。

——《叶圣陶集》第5卷，第312—313页

朱永新解读：

做父母的一般有两种倾向，一种是不闻不问，任其自然，从来没有与孩子们共同生活。一种是自认为是“专家”，把自己的意志强加给孩子，操了许多不应该操的心，让孩子失去了真正的童年，从某种意义上比前一种更糟糕。

养不教，父之过。既然教育是专家的事情，那么，父母也应该是不同程度的教育专家了。可惜，大部分父母是在不懂教育的情况下成为父母的，就像没有学过驾驶的司机上了高速公路，家庭教育中无疑惊心动魄危险非常。所以，父母还是应该努力学习一些教育学、心理学、儿童发展等方面的知识，努力与孩子一起成长，做一个真正的教育“专家”。

做父母应该负教育子女的责任

>> 做了父母就注定应该负教育子女的责任，在生物进化的途径上显示得很明白，但是除了本能以外，还需要知识技术等的帮助。所以母鸡的事业总得到成功，而在人类中，父母的事业非但成功难必，或且全然不能做教育这件事。要教育子女却不能做，不做又是重大的错失，使做父母的十分为难了。但是应负的责任总在那里，不因为难而减轻……我们自己都应该做一点有效的事业，并不都为着自己的子女，但是应该知道，教育子女也是事业中的一部分。这一部分不能做到，不说大的远的，就是不爱自己的子女，就是不应当有子女。

——《叶圣陶集》第 11 卷，第 49—50 页

朱永新解读：

高尔基曾经说过：单单爱孩子，这是母鸡也会做的事情，可是善于教养孩子，确是一桩伟大而有意义的公共事业。类似的话，鲁迅先生等也多次强调过。叶圣陶对此进行了更加深刻全面的阐述。第一，他认为教育子女是一件需要专门的知识和技能的事业，仅仅靠爱的本能是不够的。第二，教育子女不仅仅是为了子女更好地成长，也是作为父母自己的人生、事业的重要组成部分。第三，如果我们不能够承担起教育子女的责任，不能够让孩子健康快乐地成长，那就是不爱自己的子女，也不应当有自己的子女。

骂孩子打孩子不对

>> 骂孩子打孩子这等事为什么不对，是极容易明白的；即使不明白，基于父母的爱也就够了。所差的只在要悟于常时而不要悟于事后，要使这种觉悟不被感情冲动暂时蒙蔽，的确有一点儿修养上的关系。这里所谓的修养其实极浅，大人只要练成一种习惯：当觉得孩子们有什么动作近于扰乱时，不要便厌恶他们的扰乱而动起感情来；而从他们的动机着想，知道他们出于无心，更从他们的见解着想，而知他们决无可厌恨之理。至此，感情的冲动便遏抑住了，决不至于突然爆发。

——《叶圣陶集》第 11 卷，第 54 页

朱永新解读：

我曾经写过一篇文章：《体罚近乎无能》。我甚至把它作为教育的基本定理，告诉我们的父母，尽可能不要体罚孩子。为什么这样说，首先，孩子们的错误都是有原因的，不了解原因就进行体罚，并没有解决孩子本身的问题。其次，体罚会使孩子认为暴力可以解决一切问题，从而崇拜与效仿暴力行为。再次，体罚会在孩子幼小的心灵留下创伤和阴影，对建立良好的亲子关系造成负面影响。所以，叶圣陶先生要求父母尽可能控制自己的情绪，学会理智地分析问题与解决问题，研究孩子出现各种问题背后的动机。如此，我们会发现，纯洁无瑕的孩子们大部分都是“好心办错事”，都是情有可原的。

好的父亲

>> 好的父亲一定不是这样，他所以不同于平常的父亲，就在永远怀抱着“父亲的”心情。孩子的嚷嚷他能够利导，使化为天真嘹亮的歌声，或是娓娓动听的谈话，而决不加以呵斥。孩子哭了，他更能入微地体贴：是身体的机能有什么障碍么？是小小的心灵有什么不安么？切心的忧虑是有的，而与怒骂绝缘。至于自己有什么工作，即便是从事伟大的发明，撰写名山的著作，也决不为了这些侵占孩子们的自由，他相信这天下是孩子与大人共有的。

——《叶圣陶集》第 5 卷，第 161 页

朱永新解读：

父亲是男人最重要的工作。好的父亲，是孩子们成长的力量源泉，也是培养孩子坚强的意志品质和博大胸怀的重要榜样。叶圣陶先生认为，好的父亲是善于理解孩子，善于与孩子沟通，善于帮助孩子，善于站在孩子的角度心理换位的，而不是动不动训斥孩子，不分缘由地责罚孩子。孩子哭泣了，不是让他不要哭，而是分析孩子为什么哭，是生理上不舒服了，还是遇到什么委屈了，是心理上有什么担忧，还是碰到了什么恐惧的事情，从而有针对性地进行帮助。好的父母应该知道，“这天下是孩子与大人共有的”，与孩子一起成长，一起享受天伦之乐的生活，才是家庭最美丽的风景。

保育所有的儿童

>>“儿童是未来的主人翁”，这是一句老话，但是，只要说得有理，老话又何妨？

……今后的儿童将不仅是家庭中的子女，学校中的学生，而必须同时是国家的儿童。国家要用儿童做抗战的复兴的后备队，必须通盘筹算，竭尽可能的力量，保育儿童的身心。至于直接负保育之责的父母和教师，也须认定这一个大目标，来保育所有的儿童。

——《叶圣陶集》第12卷，第309—310页

朱永新解读：

这是叶圣陶在抗战期间的儿童节致辞。他在文章中提出，孩子固然是家庭中的儿童，是学校中的学生，但是，孩子不是家庭的私有财产，也不仅仅生活在校园，同时也是“国家的儿童”。国家兴亡匹夫有责，今天的孩子就是明天的国家的栋梁。无论是投身抗战，还是建设祖国，都需要他们有远大的理想，爱国的情怀，丰富的知识，深刻的智慧，创造的能力。只有这样的大格局，才有可能培养未来的大人才。

让孩子做为祖国服务的螺丝钉

>> 我知道有一部分市民家长想法很单纯，认为在城市里又不能参加农业生产，孩子毕了业只有一条路，就是升学。其实并非只有一条路。那么另外的路是什么呢？我说是就业。分别开来说，“业”包括各行各业，那就很多很广了。所谓“就”，其实就是学习的意思。说得确切些，就业就是在各行各业里头挑一样学习，学会了就干那一样。……参加各行各业的人也是挺光荣的，因为他们都是劳动者，各尽所能，供应社会的需要。假如把整个社会比作一架大机器，每个人就是大机器上的一个螺丝钉。每个家长都应该毫不犹豫地让孩子去做一个为祖国服务的螺丝钉。

——《叶圣陶集》第 11 卷，第 211—212 页

朱永新解读：

做一个为祖国服务、永不生锈的螺丝钉，是我们这代人耳熟能详的话语。这对于校正“万般皆下品，惟有读书高”的传统观念和激烈的升学应试竞争，是有着特别的意义的。叶圣陶先生认为，社会是一台复杂的大机器，不同的行业，不同的职业，需要不同的人才，不能让所有的人都走华山一条道，只有升学一条路可以选择。这就需要父母有“螺丝钉”的意识，鼓励孩子们从事不同的职业，在不同的岗位上成为优秀的“螺丝钉”。叶圣陶不是冠冕堂皇地劝说大家这样做，而是身体力行地践行自己的倡导，他自己的两个儿子就没有上大学，而是当了普通的工人和编辑，在自己的岗位上成为优秀的人才。

相信子女能独立做好事情

>> 教育青年帮助青年的人是不是可以在这样那样的讲说之外，相信青年能独立做好什么事呢？完全可以，例证也不难找，只要看善于教育幼儿的父母。要是他们不相信幼儿能自己穿衣，自己洗脸，那么，他们的子女逐渐长大起来，非但不一定能把衣服穿整齐，把脸洗干净，连其他种种的事也不一定能自己料理了。

——《叶圣陶集》第 11 卷，第 231 页

朱永新解读：

“滴自己的汗，吃自己的饭，自己的事情自己干。靠人，靠天，靠祖上，不算是好汉。”① 与同时代的教育家陶行知先生一样，叶圣陶先生也非常重视培养儿童的独立性和主动性。他认为，要培养孩子的独立性，首先是要相信孩子能够独立，能够处理自己的事情。吃饭穿衣，料理生活，如果孩子饭来张口，衣来伸手，慢慢地就不会、不愿意自己吃饭、自己穿衣了，甚至其他的事情也不愿意自己做了。所以，父母和教师一定要“相信子女能独立做好事情”，不要怕孩子犯错误，人就是在不断的错误中成长起来的。

① 方明主编：《陶行知全集》（第 7 卷），四川教育出版社，2020 年，第 51 页。

家庭教育是基础

>> 在各项教育里，家庭教育是最初最基本的一项。家庭教育是基础，基础打得好不好，跟以后各项教育的效果大有关系，家庭教育绝对不容忽视。……家庭教育跟其他各项教育一样，主要目的在教育这后一代。在家庭里，无论父母自己劳动，学习，待人，接物，无论把儿女抱一抱，亲一亲，或是给儿女说个故事，玩个玩具，这些日常生活对儿女都有很大的影响。既然家庭里有了儿女，这些日常生活就得跟教育后一代密切结合，总要让儿女受到好影响。

——《叶圣陶集》第 11 卷，第 244—245 页

朱永新解读：

这是叶圣陶先生为苏联教育家马卡连柯的《父母必读》撰写的推荐文章。在 20 世纪 50 年代学习苏联教育学的过程中，马卡连柯对中国教育的影响是巨大的，一直到七八十年代，仍然有着重要的影响。叶圣陶先生赞同马卡连柯的一个基本观点：“在各项教育里，家庭教育是最初最基本的一项。”所以，叶圣陶提出，家庭教育是所有教育的基础，基础打得好不好，跟以后各个阶段的各项教育的效果有着密切的关系，认为家庭教育绝对不容忽视。与学校教育的系统性、完整性不同，家庭教育的一个重要特点是它的生活性、日常性，父母的每一个生活细节，每一句话每一个举动，都会耳濡目染地影响孩子，“无论把儿女抱一抱，

亲一亲，或是给儿女说个故事，玩个玩具，这些日常生活对儿女都有很大的影响”。所以，为人父母，就要注意检点自己，为孩子做好榜样，就要关注孩子，以爱育爱，让孩子受到好的正面的影响。

家庭教育不可忽视

>> 学校中之接触，得之于师者，必无戕贼儿童之智识道德，可决言也。然而处学校之时既暂，家庭中之接触苟有戕贼儿童智识道德之事，则儿童将弃其学校中所得而就家庭。甚矣家庭教育之不可忽也，偶一不慎即生弊病。

——《叶圣陶集》第 11 卷，第 3 页

朱永新解读：

总体而言，学校教育的环境，从教材到课程，从师资到环境，都是经过精心设计、选择和组织的，一般而言不会对儿童有太多的负面影响。而且，相对于家庭而言，儿童在学校的时间还是比较短暂的。所以，从对儿童的影响因素而言，家庭是排在第一位的，也是需要更加自觉的。家庭的影响与学校不完全相同，更需要在日常生活中进行，需要父母自身做榜样，需要与孩子建立良好的亲子关系。父母必须记住，家庭教育不能够有丝毫的马虎，因为稍有不慎就可能出现问题。

帮助儿童自由发展

>> 我们为着以后的儿童的福利，须要给他们以与我们当初所遇的不同的境遇。这并不是文学上的问题，而是要他们爱好文学非这么从根本入手不可。我先要请求为父母的，儿童的一切本能都让他自由发展，更帮助他们发展。那些是文学的泉源啊。我不曾见备受遏抑的人而为伟大的创作家，或者为真能爱好文学者。我相信中国伟大的创作家还在摇篮里，所以我这么请求。

——《叶圣陶集》第 9 卷，第 74—75 页

朱永新解读：

这是叶圣陶在论述文艺人才的培养时讲的一段文字。文艺人才，尤其是文艺创作人才，是需要想象力的，是需要创造力的，而想象力和创造力的培养需要从儿童时期开始。儿童是天生的诗人，是天生的创造家。如果我们呵护儿童自由的天性，让儿童自由舒展地生长，他的想象力和创造力就得到了保护、培养、生长。所以，培养儿童的写作能力、创造能力，不是要教给他们许多技能技巧，而是要呵护他们的天性，保护他们的灵性，尊重他们的自由创造，这些才是文学的源泉，才是儿童成为文学的爱好者、成为伟大的创作家的源泉。

主题索引

参考文献

著作

〔美〕查尔斯·都希格著，吴奕俊、陈丽丽、曹烨译:《习惯的力量》，中信出版社 2013 年版。

陈辽:《叶圣陶传记》，江苏教育出版社 1986 年版。

〔英〕道格拉斯·米勒著，刘子扬译:《习惯改变人生：成为比别人更幸运的自己》，人民邮电出版社 2014 年版。

方明主编:《陶行知全集》(第 7 卷)，四川教育出版社 2020 年版。

顾黄初:《叶圣陶语文教育思想讲话》，开明出版社 1994 年版。

刘增人、冯光廉编:《叶圣陶研究资料》，北京十月文艺出版社 1988 年版。

任苏民:《叶圣陶教育改革思想研究》，苏州大学出版社 2004 年版。

任苏民编著:《教育与人生：叶圣陶教育论著选读》，上海教育出版社 2004 年版。

商金林:《叶圣陶全传》(三卷)，人民教育出版社 2014 年版。

商金林主编:《叶圣陶甪直文集》，人民教育出版社 2017 年版。

商金林撰著:《叶圣陶年谱长编》(四卷)，人民教育出版社 2004—2007 年版。

史晓风:《圣陶下成长——叶圣陶先生廿周年祭》，人民教育出版社 2008 年版。

孙云晓、张梅玲主编:《儿童教育就是培养好习惯——当代少年儿童行为习惯研究报告》，北京出版社 2004 年版。

吴泰昌:《我了解的叶圣陶》，生活·读书·新知三联书店 2014 年版。

项春雷:《教育叙事——像叶圣陶那样做老师》，苏州大学出版社 2018 年版。

徐林祥、马磊编著:《中国现代著名语文教育人物：叶圣陶》，语文出版社 2020 年版。

叶圣陶编，丰子恺绘:《开明国语课本》（上册），上海科学技术文献出版社 2005 年版。

《叶圣陶集》（第 5、6、7、8、9、10、11、12、13、14、15、16、19、25 卷），江苏教育出版社 2004 年版。

叶圣陶研究会主办:《叶圣陶研究年刊》，开明出版社 2012—2021 年版。

叶圣陶著，杨斌选编:《如果我当教师》，教育科学出版社 2012 年版。

叶圣陶著，中国教育科学研究院编:《叶圣陶语文教育论集》，教育科学出版社 2015 年版。

叶圣陶著，朱永新编:《叶圣陶教育箴言》，福建教育出版社 2013 年版。

叶至善:《父亲长长的一生》，四川文艺出版社 2015 年版。

叶至善:《父亲的希望》，中国青年出版社 2000 年版。

叶至善:《亦师亦友长相伴——父亲叶圣陶》，二十一世纪出版社 2021 年版。

〔美〕詹姆士著，唐钺译:《论习惯》，商务印书馆 1944 年版。

张香还:《 叶圣陶和他的世界》，上海教育出版社 1995 年版。

朱永新编:《叶圣陶教育名篇选》，人民教育出版社 2014 年版。

朱永新编著:《大师教你做父母——对话叶圣陶》，湖北教育出版社 2014 年版。

论文

陈兴安:《叶圣陶语文阅读教学思想探析》,《教育学术月刊》,2018 年第 5 期。

陈元东:《培养好习惯 奠基好人生——打造以养成教育为重点的学校行为文化》,《中国教育学刊》,2010 年第 52 期。

程爱兰:《叶圣陶教育思想对作文教学的价值导向》,《中国教育学刊》,2015 年第 5 期。

程功群、钱佳敏:《叶圣陶的小学语文教材编撰思想、实践及启示》,《教学与管理》,2020 年第 3 期。

顾振彪:《叶圣陶关于编写中学语文教材的论述》,《课程·教材·教法》,2018 年第 1 期。

姜益群、方丽娟:《小学生好习惯养成"四步法"微探》,《上海教育科研》,2013 年第 10 期。

李怀源:《叶圣陶"读整本书"教学理论体系及现实意义》,《中国教育科学》(中英文),2020 年第 4 期。

李兰芬、马维杰:《论未成年人习惯养成的道德价值与心智历程》,《道德与文明》,2005 年第 1 期。

李云龙:《语言认识与文字改革——叶圣陶编审新中国初期教科书时读改思想与实践》,《课程·教材·教法》,2021 年第 12 期。

梁杰:《叶圣陶"特设境遇"说探索及其启迪》,《中学语文教学》,2020 年第 1 期。

陆彩萍:《小学作文教学有效路径探析——基于叶圣陶语文教育思想的实践研究》,《中国教育学刊》,2019 年第 7 期。

陆平:《叶圣陶课程思想及新课改启示》,《南京社会科学》,2007 年第 10 期。

马磊、徐林祥:《叶圣陶语文教材现代化思想的当代启示》,《课程·教材·教法》,2018 年第 7 期。
马兴贵、陈晓玲、王祥德:《新课改理念下,重温叶圣陶语文教育思想》,《中国教师》,2007 年第 5 期。
潘满库:《习惯养成教育是素质教育之基》,《人民教育》,2011 年第 2 期。
任辉:《叶圣陶阅读教学思想给对话教学的启示》,《课程·教材·教法》,2007 年第 5 期。
任苏民:《立德树人背景下叶圣陶德育思想时代内涵探析》,《中国教育学刊》,2020 年第 2 期。
任苏民:《试论叶圣陶教育思想里的"中国教育学"》,《中国教育科学》(中英文),2020 年第 5 期。
任苏民:《新时代有效教学研究的理论构建——兼论叶圣陶教育思想在新时代的借鉴与发展》,《中国教育科学》(中英文),2020 年第 1 期。
任苏民:《叶圣陶"教是为了不教"的理论意蕴与现实意义》,《教育研究》,2017 年第 11 期。
商金林:《叶圣陶写作教学的真知灼见》,《中学语文教学》,2018 年第 11 期。
石中英:《教育民俗:概念、特征与功能》,《教育理论与实践》,1999 年第 5 期。
孙世梅:《基于过程视角的习作教学探索——兼谈叶圣陶作文教学思想对习作教学实践的指导》,《教育理论与实践》,2017 年第 26 期。
谢维和:《荣辱观与养成教育》,《教育研究》,2006 年第 4 期。

徐龙年:《叶圣陶：培养学生自学的好习惯》,《当代教育论坛》（宏观教育研究），2008 年第 1 期。
叶小沫、叶永和:《我们为什么要整理出版这本〈家书〉》,《民主》，2008 年第 1 期。
袁国彬:《注重习惯养成教育 引导学生自主学习》,《中国教育学刊》，2011 年第 52 期。
张欣、姜良存:《叶圣陶说话训练思想对口语交际的指导意义》,《语文建设》，2021 年第 12 期。
张绪培:《核心素养如何转化为学生素质》,《小学教学》（数学版），2016 年第 2 期。
周博文:《问题之所在：二十年来叶圣陶儿童文学研究辨析》,《文艺评论》，2015 年第 5 期。
周佳虹:《叶圣陶语文教育核心思想对当今语文教学的启示》,《语文学刊》，2008 年第 10 期。

后记

叶圣陶先生是著名的文学家、教育家、出版家、政治家、社会活动家，他的道德风范深受世人景仰。他长时间在小学、中学、大学执掌教鞭，授业解惑；也曾在多家书局笔耕不辍，编辑出版进步刊物；新中国成立后还担任了出版总署副署长、人民教育出版社社长、教育部副部长、民进中央主席等职务，为我国教育、文化、出版事业的发展做出了重要贡献，整整影响和培育了几代人。

我常常和身边的朋友们讲，虽然很遗憾我与叶老素未谋面，但是我和叶老之间却有着特殊的“情缘”。

第一个情缘，他不仅是我苏州的老乡，而且我在苏州的居所对面有一所草桥小学，其前身就是叶圣陶先生曾经就读过的长元吴公立高等小学。每天早上打开窗户就能听见学校里传来孩子们的琅琅读书声，推窗从楼上眺望孩子们在操场嬉戏追逐，我不由得会遐想，就在这先生曾经弘文励教的地方，是否又有小小叶圣陶正在悄然成长着？我家再往前走一两百米，就是叶老当年就读的苏州市第一中学，它的前身是苏州公立第一中学堂（草桥中学），叶圣陶先生从这里毕业后直接走上了教学岗位。早晨或者晚间跑步，我经常会经过这里，走过叶老曾经走过的路，看到先生亲笔题写的校名，也会情不自禁地想象着当年他的青葱岁月，想象着先生与顾颉刚、王伯祥等在这里是如何激扬文字。我庆幸，自己能够与这样一位伟人距离如此之近，近到那些闪烁着思想光芒的话语，似乎成为先生耳提面命的反复叮咛。

第二个情缘，叶老一生对教育的热忱执着和他提炼出来的许多教育观点，对我产生深刻的影响。叶老一生几乎没有离开过教育，他虽然在不同时期从事过不同的工作，但都是围绕着教育这个中心。特别是他主编的教材，滋养了中国好几代孩童与教师，时至今日，当年的一些呐喊听来仍然振聋发聩。他提出的“教是为了达到不需要教”“教育就是养成好习惯”等教育观点，不仅在当时具有深远的影响，在今天看来仍然具有重要的现实意义。2016 年，新教育实验召开了以“习惯养成第二天性”为主题的学术年会，推出了以培养良好习惯为目的的“推进每月一事”行动，最直接的思想来源，就是叶圣陶先生的习惯教育思想。

第三个情缘，叶老还是我们民进的老前辈、老领导。他是继马叙伦、周建人之后的第三任民进中央主席。我是 1988 年 4 月加入民进的，那年 2 月，先生刚刚离开了我们。新华社的消息说：“他的逝世，使文化教育界失去了一位巨人，是中国人民的一个重大损失。哲人已萎，典范永存！”那时，先生的名字已经永远与民进浇铸到了一起。民进于 1945 年 12 月 30 日在上海正式成立，当时叶圣陶并不在上海。不过，他于 1946 年回到上海后不久就担任了上海市小学教师联合进修会和中学教育研究会的顾问，而这两个组织的领导人都是民进会员。同时，他通过编辑杂志、撰写文章、发表演讲，揭露和抨击当局内战、独裁、卖国的罪行，与民进的文化界教育界同仁一起投入到民主爱国运动中。所以，他虽然在 1962 年才正式加入民进，但早已是民进之友。1979 年，他当选为民进中央副主席，1984 年，他出任民进中央主席。叶老逝世以后，由民进中央领导人为主的文化教育界知名人士和叶老的一些生前好友，于 1989 年共同发起成立了叶圣陶研究会。

我于 2007 年调任民进中央副主席，在民进中央机关的大厅，矗立着叶圣陶先生的塑像，先生面容温和，目光睿智，我每天上班都会看到他亲切地对我们微笑。每一次，心中油然而生的敬意总在继续催生着责任。在 60% 的会员都是教育工作者的民进，如何做好本职工作？如何助推教育发展？如何继续自我教育？这些都是我朝暮自省的内容。而先生正是我们的导师，无声地勉励着我们。

这些年，我一直在探索叶老教育理念的道路上寻踪觅迹。早在 2002 年，我曾经邀请任苏民老师编写过一本《教育与人生——叶圣陶教育论著选读》，收入我主编的《新世纪教育文库》。2012 年开始，为了完成新教育新父母研究所"新父母晨诵"的任务，我再次通读了 26 卷本的《叶圣陶集》，并且编写了《叶圣陶教育箴言》和《大师教你做父母——对话叶圣陶》两本著作。2014 年，受人民教育出版社邀请，我选编了一本《叶圣陶教育名篇选》，全面反映叶圣陶先生教育思想，作为向先生诞辰 120 周年的献礼。2021 年，这本书正式纳入出版社的《中国教育名著》系列。

这些年来，我一直在学习、践行着叶老的教育思想，学习越深入，越是觉得叶圣陶思想是一个非常深邃的宝库。这本《习惯与教育——朱永新对话叶圣陶》，就是这些年来阅读学习叶圣陶教育思想的成果。

这本书的顺利出版，首先要感谢新教育萤火虫团队，在每天的"新父母晨诵"中，我与一线老师和父母交流我的学习体会，萤火虫团队在其中发挥了重要作用。其次，要感谢苏州科技大学的宋春蕾博士，她协助我校对了所有引文，整理了这本书的主题索引和参考文献等，做了大量具体的工作。再次，要感谢王陆军先生和商务印书馆的史慧敏老师，他们认真敬业的工作态度，给我留下了深刻印象。最后，要感谢著名的叶圣陶研究专家、北京大学商金林教授为本书撰写了精彩的序言。

在此，还要特别感谢中国民主促进会，如果没有民进的情缘，我不一定有机会如此反复阅读叶圣陶先生的著作，自然也不一定会有大家手中的这本著作。

朱永新

2022 年元旦之夜

写于北京滴石斋